AF489623

El Salto Quántico

No es transformación digital sino transformación de negocio

Un libro para la iluminación empresarial

Oscar Cárdenas
Javier Alexis García

El Salto Quántico
No es transformación digital sino transformación de negocio
Un libro para la iluminación empresarial

Primera edición: octubre de 2020

© 2020, Oscar Cárdenas y Javier Alexis García

2020 Editorial QEX

Edición y corrección de estilo: Jacobo Celnik
Diseño e impresión: Unión Gráfica

Impreso en Colombia
2020

Contenidos

Anexos

Introducción de Oscar Cárdenas

Lucidez en medio del ruido digital

¿Han sentido alguna vez un relámpago de comprensión? Es ese momento en que todo se hace claro y desaparecen los nubarrones.[1] Los maestros Zen lo llaman *satori*. ¿Qué tal si ese relámpago de comprensión se convierte en una luz duradera de comprensión en nuestra vida o en nuestros negocios?

¿Existe un método para hacerlo? Sí, lo llamamos el Método Q. Mediante la aplicación de unos sencillos pasos, las empresas encontrarán la lucidez en medio del ruido digital para dar el Salto Quántico. Así, encontrarán el sentido de su existencia para cumplir con el propósito superior de traer progreso y beneficios para la humanidad, de la mano de la creación de valor monetario para sus accionistas.

El mundo digital ha traído un ruido infinito a nuestras empresas, tan perturbador como un *tinnitus*: cientos de personas trabajando en miles de complejos proyectos de transformación digital con millones de tareas para al final del ejercicio encontrar que el avance es ínfimo comparado con los crecimientos exponenciales de las *startups* y empresas nativas digitales maduras que se comen el mercado.

¿Es necesario que ocurran eventos como la extensión de la enfermedad del coronavirus por todos los continentes para que las empresas evolucionen? ¿O peor aún, desaparezcan sin saber

---

1   Tolle, Eckhart. *El poder del ahora*. Grijalbo, p.120.

qué hacer? En una encuesta realizada por el diario *La República*[2] se encontró que en medio de la pandemia por la COVID-19 el 41,5 % de las empresas no tenía una estrategia para mitigar el impacto.

El Método Q simplifica el camino que deben seguir las empresas para poder estabilizarse, evolucionar y finalmente, dar un Salto Quántico y convertirse en empresas iluminadas.

2 https://www.larepublica.co/empresas/dos-de-cada-10-pymes-cerrarian-operaciones-a-causa-del-impacto-del-covid-19-2985772

Nota introductoria de Javier "@JavierSimpleMan"

¿Existe una metodología de transformación digital?

¿Existe una metodología de transformación digital? Es tan simple como este extracto que tomo de *Forbes* complementado con una frase de Peter Drucker: "El 84% de los procesos de transformación digital fracasan. El motivo: Intentar acoplar nuevas aplicaciones digitales en viejas estructuras y procesos desfasados. La digitalización hace posibles auténticas transformaciones, no meras extensiones de viejos hábitos". Según Peter Drucker, "no hay nada tan inútil como hacer eficientemente algo obsoleto".

¿Cuál transformación digital?

Transformación digital son dos palabras que están perdiendo su significado. Si buscas en Google hoy obtienes más de cincuenta millones de resultados en español y casi cuatrocientos millones si se busca en inglés. Y eso es mucho, mucho, ruido. Hablar sobre transformación digital hoy no puede consistir en añadir más agua al río. Es tratar de aclarar y limpiar el océano. Ante el reto de generar contenidos sobre esta temática, en Blabum, con el apoyo de varios expertos en el tema, revisamos cientos de contenidos académicos e informes económicos y sectoriales; los modelos de las principales consultoras en estrategia de negocio y transformación digital, los libros de los principales gurús sobre el tema, y hablamos con directivos de grandes empresas y empresas tecnológicas. Todo para llegar una conclusión:

La transformación nunca ha sido ni será digital, sino la del negocio. La tecnología no transforma ningún negocio. El negocio se transforma independiente de la tecnología. Las empresas que no han nacido directamente de la nueva economía, sino que parten de modelos y métodos tradicionales, tienen cuatro opciones estratégicas que se visualizan claramente en las posibles combinaciones de las palabras "transformación" y "digital".

·   No transformación – no digital. Esto es esperar a verlas venir. Un inmovilismo paralítico o tal lentitud de reacción que es lo mismo que no avanzar. El resultado será, sin duda, la extinción fulminante. Como pasó con aquellos dinosaurios que pisaron la tierra antes del meteorito.

· No transformación – sí digital. Aquí reside la ceguera de moda. Una simple digitalización de procesos, sistemas, canales, que conduce a hacer lo mismo para los mismos con una falsa nueva propuesta de valor. Porque, si mi propuesta de valor actual no es buena, no importa cuántos accesorios le añada. Seguirá siendo una propuesta sin valor, pero con bisutería muy cara. El resultado de esta estrategia es la lenta agonía de la empresa, de sus inversores y sus cada vez menos y más infelices empleados.

· Sí transformación – no digital. En esta estrategia radica la semilla de una auténtica transformación. Consiste en ir al fondo del ecosistema empresarial y ver qué propuesta (forma de satisfacer una necesidad no cubierta o mal cubierta) es por la que el mercado estaría dispuesto a pagar más. Y plantear un modelo de negocio que me reposicione en ese lugar más atractivo del ecosistema y de la cadena de valor.

· Sí transformación – sí digital. Es una estrategia que no se puede dar sin la anterior. Consiste en el uso de las tecnologías más acertadas y eficientes para llevarme en el menor tiempo posible a la posición dominante del ecosistema empresarial y del mercado. En definitiva, es dotar de crecimiento ágil y exponencial a un nuevo concepto, o concepto transformado, de un negocio.

La gran mayoría de las empresas "dinosaurio", ya sean grandes o pequeñas, esas con modelos de negocio de toda vida y procesos analógicos, que ahora se ven amenazadas por la nueva economía y se esfuerzan en transformarse digitalmente, están condenadas a ser sustituidas por otras con mayor agilidad, adaptabilidad y valor en sus propuestas.

La fórmula habitual de definir estrategias y proyectos con largas hojas de ruta, cuadros de mando y revoluciones de cultura y comunicación para transformarse, es sencillamente una utopía en el 99 % de los casos. No es que no deban hacerlo. Por supuesto que deben digitalizarse, agonizar y con suerte resurgir. Pero es imprescindible que trabajen también en concebir cuál sería su transformación a secas, la de su negocio. Con metodologías como la del "Salto Quántico", que nuestros expertos plantearon simplificando todo el material analizado. Un método para identificar al menos una oportunidad cada día, validarla al día siguiente y, si es la que de verdad promete, ponerla en marcha al tercer día.

En definitiva, debemos dejar de filosofar sobre esta transformación digital y empezar a crear nuevas propuestas de valor que podamos propulsar a gran velocidad gracias a la tecnología.

"El fracaso es parte de la vida; si no fracasas no aprendes, y si no aprendes no cambias".

Paulo Coelho

I

EL METEORITO

Una nube de polvo gris con fragmentos de lo que antes era color sobre la Tierra oscureció el todo y el silencio de la ausencia de la vida perduró por más de doscientos mil años. El impacto del meteorito en la península de Yucatán creó una discontinuidad en la historia que cambió la realidad en el espacio-tiempo. En el transcurrir de los días no esperamos incidencias que cambien dramáticamente nuestras vidas. Si ese apocalipsis no hubiese sucedido, la evolución de las especies hubiese seguido su curso normal y la humanidad tal vez no existiría.

La cuarta revolución industrial es una ola que generó cambios graduales en el mundo empresarial, pero la pandemia de la COVID-19 fue el acelerador que generó la discontinuidad que hace que los ecosistemas de negocios nunca más vuelvan a ser lo que fueron antes. Estamos ante una nueva generación de empresarios, y en el olvido quedarán aquellos que no asumieron la nueva realidad.

La aniquilación en el período cretácico no fue instantánea como nuestro imaginario podría proyectar en nuestras mentes. Después del choque del meteorito hace 65 millones de años, se desataron una serie de hechos que tardaron meses en terminar masivamente con la vida en el planeta. Lo mismo ocurre en cualquier ecosistema como en el empresarial. Los cambios no son inmediatos, pero sí desencadenan cambios irreversibles.

Las empresas pueden desaparecer. Algunas no se han dado cuenta del meteorito que ilumina sus cabezas. Es como si tuvieran una antorcha muy cerca de sus propias testas pero se negaran a sentir el olor de sus ya chamuscados cabellos. Necesitan abrir los ojos para tomar decisiones que les permitan no solo sobrevivir sino renacer en este declarado nuevo mundo.

En el entorno empresarial llamaremos "empresas dinosaurio" a aquellas que siguen disfrutando del paraíso terrenal sin darse cuenta de que en el cielo hay una amenaza que las puede hacer desaparecer. Esta desaparición no es instantánea, es silenciosa y en algún punto sin retorno.

El entorno cada vez es más cambiante. El impacto que puede generar un nuevo competidor en el mercado o una enfermedad global como el coronavirus, puede ocasionar cambios no esperados que de un día para otro alteren todas las reglas del juego y que produzcan las nubes de polvo ardiendo, cenizas y vapor de agua del impacto de un meteorito chocando contra la superficie de la Tierra.[3]

Los gigantes amenazados

La incertidumbre empresarial es la pesadilla de los dueños de las grandes compañías. Un día te acuestas a dormir tranquilo y al siguiente día sin abrir los ojos extiendes instintivamente tu mano para alcanzar tu celular, encontrándote con dos dolores: el primero, mil agujas que te perforan los globos oculares porque quieres leer la pantalla a través de tus ojos entrecerrados. El segundo es el de encontrar que un nuevo competidor ha entrado a tu mercado y te está "robando" lo que es tuyo.

Pero no solo son los competidores. El entorno es cada vez más cambiante. Los desastres naturales están allí pasando el umbral de tu puerta. Después de la pandemia por la Covid-19 la amenaza más

---

3   https://hipertextual.com/2018/05/chicxulub-meteorito-dinosaurios-vida-extincion

grande es el cambio climático. En Union Square en Manhattan un reloj de 18 metros de ancho nos dice el tiempo que nos queda antes de que los efectos del calentamiento global sean irreversibles. 7 años, 103 días, 15 horas, 40 minutos y 7 segundos marcaba cuando se encendió su pantalla de rojos segmentos digitales en septiembre de 2020.[4]

"Son tiempos de incertidumbre y retos para las organizaciones tradicionales en todas las industrias. La economía digital está poniendo de cabeza las reglas tradicionales del juego. "Desde el año 2000, 52 % de las compañías en el índice del *Fortune 500* han quebrado, han sido adquiridas o han dejado de existir".[5]

Gigantes del mercado se ven amenazados por nuevas ideas y sus respectivos modelos de negocio exponenciales. Un ejemplo es la multinacional Juan Valdez, que encontró en su casa matriz en Colombia a un competidor que en dos años lo superó en tiendas en su propio país. Con 352 sedes, Tostao no solo superó las 292 tiendas de Juan Valdez en 2018, sino que también amplió el mercado de las cadenas de café en el país.[6] Un día entramos al centro comercial Salitre Plaza, uno de los espacios comerciales más importantes en Bogotá, y nos sorprendió un aviso arrendando los 178 metros cuadrados de lo que antes era una tienda Juan Valdés con cómodas sillas y una gran vitrina. En el 2019 esa tienda cerró y se trasladó a pocos metros ubicándose tímidamente a dos locales de Tostao en un local más pequeño. ¿Coincidencia? El secreto de Tostao no es más que el tradicional "bajo precio y calidad", concentrándose en un diferencial de atención rápida al cliente en el punto de venta. ¿Qué puede hacer el ahora dinosaurio Juan Valdez para devolverle el reto a su competidor? ¿Puede la tecnología apalancar su modelo de negocio para hacerlo más competitivo?

---

4   https://www.nytimes.com/2020/09/20/arts/design/climate-clock-metronome-nyc.html

5   The Age of Digital Disruption. Capgemini consulting. Feb 7, 2015

6   https://www.google.com/url?q=https://www.larepublica.co/empresas/tostao-y-juan-valdez-abriran-64-tiendas-de-cafe-en-los-proximos-dos-meses-2789608&sa=D&ust=1592435871896000&usg=AFQjCNHsxal1BgLrSgOSfFrJD4HqOywllQ

Pero mientras unas especies empresariales sobreviven naturalmente en medio de la pandemia, otras agonizan sin encontrar estrategias que eviten su liquidación. Hay dos caras de la moneda. Mientras que en 2021 se estima disminuya la inyección de dinero en el sector del transporte, ya se evidencian inversiones exponenciales en la industria de tecnología. Amazon Web Services (AWS) dice gastará miles de millones de dólares para manejar la alta demanda de sus servicios durante el confinamiento",[7] esto debido a la necesidad de soluciones de teletrabajo y aplicaciones para prestar servicios remotos como escritorios virtuales para las universidades.

Satya Nadella, CEO de Microsoft, dijo en junio de 2020: "Microsoft ha visto el equivalente a dos años completos de transformación digital entre enero y marzo de este año" "Estamos trabajando junto a los clientes todos los días para ayudarlos a mantenerse abiertos en un mundo en que todo es remoto". Desde enero de 2020 en plena pandemia las acciones de Microsoft escalaron 25 % en medio de los convulsionados mercados mundiales.[8]

Unos suben, otros bajan y algunos desaparecen. Así de simple.

Federico Nietzsche dijo: "lo que no te mata te hace más fuerte". La historia de vida de Javier Alexis García, coautor de este libro, está llena de triunfos y fracasos. Tocó el cielo cuando salió en la portada de la revista *IT Manager* en la edición de los 25 mejores del 2004, 2005 y 2012. Pero en 2009 tocó literalmente piso, pues lo perdió todo y le tocó dormir en el suelo de un apartamento totalmente desocupado y sin muebles. Su temperamento prepotente y sobrador le hizo perder muchos amigos, pero la montaña rusa de la vida con momentos supremos de nuevos logros y reconocimientos, mezclado con puntos bajos de despidos y decepciones le hizo ganar la humildad necesaria para reconocer que la vida no se trata solo de lograr éxitos personales sino de tener un propósito superior para

---

7   https://www.bbc.com/mundo/noticias-52647431
8   https://www.forexlive.com/Education/!/microsoft-stocks-hit-the-200-mark-for-the-first-time-20200625

ayudar a los demás. El meteorito de la vida sin sentido y abrir los ojos a tiempo le hizo cambiar su forma de ser, adoptando una nueva forma de pensar que le llevó a crear su nueva marca personal "@JavierSimpleMan"

La competencia es global

El entorno dejó hace mucho tiempo de ser local para ser global, quienes sigan ignorando esta realidad saldrán del mercado. Preparadas o no, muchas empresas de *retail* recibieron en noviembre de 2019 la noticia de que Amazon, el nuevo gigante mundial del *retail*, haría envíos gratis a Colombia en la Navidad[9]. El líder mundial mostró sus dientes en Sudamérica al eliminar una de las principales barreras de entrada que tenían las empresas locales de *retail* que era los costos de envíos internacionales. ¿Qué hicieron las empresas locales entonces para prepararse? En la opinión de los autores, poco. En la posterior pandemia sus portales de *retail* fueron un desastre en la experiencia de los usuarios que necesitaban adquirir sus productos.[10]

La banca también entiende a la competencia global de la misma manera. En la opinión de José Alejandro Cortés del Grupo Bolívar "la banca local tiene que hacer unos cambios enormes, si no, vamos a sucumbir ante las grandes empresas internacionales de digitalización como Google o Amazon, y todas esas grandes que están creando bancos para poder manejar sus negocios".

La ceguera empresarial

Dicen que no hay peor ciego que el que no quiere ver. Otro caso del impacto generado por la entrada de competidores globales es la del negocio de los *datacenter* en los mercados latinoamericanos en la década del 2010 a 2020. La tasa de crecimiento de las empresas

---

9   https://www.larepublica.co/empresas/la-estadounidense-amazon-quiere-jugar-en-las-ventas-de-navidad-en-colombia-2935064
10   https://www.semana.com/noticias/superintendencia-de-industria-y-comercio/104429

locales en este jugoso negocio había sido superior al 20 % anual. Los servicios de computación alojados en gigantes centros de datos solucionaban de una manera efectiva las necesidades de procesamiento y almacenamiento de las grandes corporaciones. La luna de miel de las empresas de *datacenter* con el sector financiero llevaba años y se habían desarrollado gigantes búnkeres de miles de metros cuadrados que cumplían con la regulación y las certificaciones exigidas por el gobierno para disminuir el riesgo de fallas. Pero mientras el matrimonio se desarrollaba, se veía desde las ventanas entreabiertas del cuarto el meteorito que parecía más bien un hermoso lucero en el cielo a los ojos de los locales.

El despertar de la luna de miel ocurrió con una jugada maestra de ajedrez. Los *hyperscalers*, es decir las grandes empresas proveedoras de servicios de nube, con decenas de gigantes *datacenters* en Estados Unidos y en todo el globo terráqueo, influenciaron el cambio de regulación en el sector financiero y de gobierno para que se eliminaran las barreras de entrada naturales que habían construido con dedicación los locales para evitar la entrada al juego de estos importantes actores.

Las empresas colombianas tuvieron un duro despertar cuando recibieron las primeras cartas de sus antes cercanos clientes, cancelando sus servicios de *datacenter* para irse a la nube. Ya no existía nada que les impidiera ir por servicios más baratos, más rápidos de implementar y con la promesa de un avance tecnológico superior.

Llamaremos entonces *ceguera empresarial* al efecto de seguir desarrollando la estrategia alrededor de los mismos competidores y seguir en la cada vez más intensa disputa por la participación de un mercado que viene decayendo. Las grandes empresas se sienten cómodas compitiendo con las de su mismo tamaño e ignoran no solo a los gigantes que ven lejanos, sino también a los pequeños. Siguen su ritmo de animal monumental con pasos lentos mientras que las *startups* avanzan ágilmente como guepardos con sus negocios disruptivos y se adueñan de pequeños pedazos importantes de mercado mientras además crean otros nuevos de los que no participan las empresas dinosaurio. ¿De dónde obtienen el dinero para hacer crecer explosivamente sus negocios los guepardos? De lo que nosotros llamamos la sexta fuerza competitiva, -haciendo referencia a las cinco fuerzas de porter-. El poder de los inversionistas en el ecosistema de *startups*.

Las empresas que se hagan conscientes de la realidad que hay a su alrededor y vuelvan a ver darán el primer paso para transformar su valor y evolucionar a un nuevo nivel.

La retirada

Una de las consecuencias de esta expansión de los *hyperscalers* hacia Latinoamérica fue la elegante retirada del gigante de las comunicaciones Telefónica de los mercados latinoamericanos bajo el nombre de "La nueva Telefónica". Su presidente José María Álvarez-Pallete introdujo con estas sencillas palabras la carta en la que anunciaba a sus accionistas y al público que se replegaba como lo hacían los grandes generales en las batallas para retomar fuerzas y poder sobrevivir: "Hoy empieza una nueva época. Y, por eso, las líneas que siguen son, sin ningún género de duda, las más importantes que os he escrito desde que fui nombrado presidente de Telefónica. En ellas voy a hablaros del mundo que viene. Y también de la respuesta que, desde Telefónica, vamos a dar a los cambios que ese nuevo mundo traerá consigo". Y continúa diciendo: "La Cuarta Revolución es, indiscutiblemente, una revolución tecnológica, pero también una revolución social que alterará nuestro futuro inmediato". "Las compañías que no entiendan que el mundo está cambiando social, tecnológica y económicamente están destinadas a desaparecer".

Sus dos jugadas en el tablero global fueron retirarse de Hispanoamérica y fortalecerse en Europa así:

"1. Priorizar España, Brasil, Alemania y Reino Unido como mercados clave en los que Telefónica pueda aportar un valor diferencial a sus clientes y crecer de forma sostenible: son mercados de gran dimensión, con potencial de crecimiento y donde nuestra escala y liderazgo nos permiten ambicionar más, y donde vamos a concentrar nuestras inversiones para ser aún más relevantes y crecer."

"2. *Spin-off* operativo de los negocios en Hispanoamérica: Nuestras operaciones en Hispanoamérica eran hasta hace unos años el motor de crecimiento de la compañía. Sin embargo, las condiciones particulares en estos mercados han impactado en la evolución de nuestros negocios, mermando su contribución en los últimos años por distintos motivos (entorno macro y regulatorio, mayor presión competitiva, una escala insuficiente o la volatilidad de las divisas), a pesar de los enormes esfuerzos de los equipos locales, que siempre han mostrado un fuerte compromiso".

Este emocionante documento como si fuera la narración de Game of Thrones es histórico. Pocas veces se anuncia una estrategia empresarial de manera tan clara en un momento de coyuntura. Referenciamos a pie de página este interesante texto[11]:

En conclusión, los que no vieron el meteorito a tiempo desaparecieron o cuando se dieron cuenta ya habían perdido terreno irrecuperable en su mercado. La invitación a las empresas es a abrir los ojos y dejar de decirse mentiras con cifras adornadas en las juntas directivas. Ignorar los síntomas es como ignorar un cáncer: prontamente te invade y te mata.

***

11	https://www.telefonica.com/ext/la-nueva-telefonica/carta-presidente-alvarez-pallete.pdf

El Salto Quántico personal y el meteorito

El Salto Quántico es algo que no solo las empresas pueden acometer. Las personas también pueden lograrlo. Al final de cada capítulo haremos una corta referencia en relación al Salto Quántico personal, que será motivo de un próximo libro.

¿Estamos viviendo la vida solo en nuestras cabezas? ¿Es tan importante lo que pensamos que no estamos presentes en nuestras vidas? El ruido mental ciega a las personas. Según Eckhart Tolle, la mente es el mayor obstáculo para la iluminación. "Como se usa ahora, yo diría que el ochenta o noventa por ciento del pensamiento de la mayoría de las personas no es solo repetitivo e inútil, sino que por su naturaleza disfuncional y a menudo negativa es también perjudicial".[12] ¿Puede ser este el meteorito del que no te has dado cuenta en tu vida? ¿Eres consciente de qué porcentaje del día utilizas tu mente en pensamientos que te quitan tu paz interior?

"El pensador compulsivo, lo que quiere decir casi todo el mundo, vive en un estado de separación aparente, en un mundo enfermizamente complejo de problemas y conflictos continuos, un mundo que refleja la creciente fragmentación de la mente".

El libro de Tolle ha cambiado el sentido de mi vida. Pasaron más de cuarenta años para darme cuenta de que no estaba presente. En los inicios fue muy vivido estarlo. Salir de la casa al trabajo ya no era un ejercicio robótico. Es sentir como apoyas los pies mientras caminas. Ser consciente de tu respiración. Sentir el aire frio de la mañana como hielo en tu cara y ver cómo se rompe en arcoíris el haz de luz de sol que cae sobre las hojas de las briznas de pasto con gotas de rocío de la mañana. Nunca me había dado cuenta de que había vivido secuestrado por mi mente. Un día de la casa al trabajo entendí que la mente nos roba el tiempo de nuestras vidas. Iba haciendo mi ejercicio de presencia observando desde el bus en el que iba en el transporte público el brillo del verde de las hojas de los árboles

---

12   Tolle, Eckhart. *El poder del ahora*. Grijalbo, p.42.

moviéndose con el viento, las nubes acariciando las montañas y el trinar de los pájaros copetones disfrutando de la mañana. De repente, faltando unos cinco bloques para llegar a la oficina, perdí el estado de presencia que había logrado porque me acordé de un problema que había tenido con una persona que en ese momento me generaba gran inquietud. Mis pensamientos me llevaron a otro mundo. Ya no estaba allí en el bus. Estaba preso en mi mente inventando situaciones, creando escenarios, peleando batallas en la oficina que tal vez nunca sucederían. Mientras creaba escenarios en mi cabeza, volví de nuevo al presente y me di cuenta de que había perdido mi parada. El bus estaba lleno y yo estaba en la parte de adelante. En menos de diez segundos llegué a la puerta de atrás para bajarme en el próximo paradero. Empujé a varias personas y alguien me hizo el reclamo por mis modales. Cuando finalmente me bajé quedé estupefacto. ¿Qué había sucedido en el recorrido de las últimas cinco cuadras? Es como si el tiempo se hubiese acelerado. Perdí la noción del tiempo. Fue como si esa distancia de varios kilómetros la hubiese recorrido en pocos segundos mientras estaba absorto en el mundo de las ideas, absurdas y sin sentido. Ese día me di cuenta de que he perdido gran parte de mi vida en el mundo de los pensamientos cuando realmente la vida está acá, en el presente.

Nos enseña Eckhart Tolle que "la iluminación es un estado de totalidad, de estar *en unión* y por lo tanto en paz. En unión con la vida en su aspecto manifestado, el mundo, así como con su ser más profundo y con la vida no manifestada en unión con el Ser."[13]

Si se siente identificado le recomiendo leer *El Poder del Ahora*[14]. Puede cambiar su vida. Tome consciencia de su ser.

Otro aspecto de la vida para que reflexiones es tu profesión. El meteorito es la ceguera frente a los cambios tecnológicos que se han dado en los últimos años y que requieren que evalúes tus capacidades, habilidades y conocimientos. "El 45 % de los puestos

---

13   Tolle, Eckhart. *El poder del ahora*. Grijalbo, p.35.
14   Tolle, Eckhart. *El poder del ahora*. Grijalbo, p.36.

de trabajo son reemplazables por la tecnología y según Carlos Toxtli, "la cuarta revolución industrial hará que se pierdan aún más". [15] ¿Tu profesión puede desaparecer? ¿Ya sabes que empleos serán reemplazados por la tecnología? ¿Sabes que necesidades del mercado te generan nuevas oportunidades de trabajo o de crear empresa con tu experiencia profesional? Abre los ojos.

15   https://www.forbes.com.mx/estos-los-empleos-se-perderan-la-cuarta-revolucion-industrial/

*"Toda la adversidad que he tenido en mi vida,
todos mis problemas y obstáculos me han fortalecido.
Puede que no te des cuenta cuando sucede, pero
una patada en los dientes puede ser lo mejor para ti".*

Walt Disney

II

PERO TIENES VALOR

Las empresas pueden caer. Pero tienen una fuerza interior que es su valor. La resiliencia es la capacidad de recuperarse y avanzar hacia el futuro. A partir de su valor las empresas pueden renacer y transformar su negocio.

El valor de las empresas

Las empresas que encuentran su valor se pueden levantar, soñar en grande y transformar su negocio a partir de esa esencia apalancándose en las herramientas del mundo digital. ¿Puedes creer que Microsoft, la influyente empresa del mundo de la tecnología, es un ejemplo de resiliencia? Esta es su historia:

Satya Nadella, al asumir la presidencia de Microsoft en 2014, encontró a un gigante de la industria en declive. En su libro oprime refrescar dice: "Tras décadas de constante crecimiento de envío de computadoras en todo el mundo las ventas habían alcanzado su nivel más alto y estaban ahora en descenso. Los envíos trimestrales de ordenadores estaban ahora en unos 70 millones, mientras que los de los teléfonos inteligentes eran de 350 millones". La pregunta que buscó solucionar con su equipo de trabajo fue: "¿Cuál es la vocación de nuestra empresa? ¿Para qué existimos?". "Les dije que era el momento de **redescubrir nuestra alma,** aquello que nos hace únicos". [16] Es así como Microsoft descubrió que había cumplido con su cometido pasado de contribuir en poner un ordenador en cada casa y escritorio[17] y encontrar su nueva misión que ahora tiene un nuevo poder: "capacitar a todas las personas y organizaciones del planeta para que puedan lograr más".[18]

El enfoque de Microsoft pasó de un enfoque tecnológico a uno centrado en el conocimiento de las personas.

Renacer es uno de los grandes retos que encuentran las empresas y en la cuarta revolución industrial la mayoría están viviendo este torbellino en el que van a tener que encontrar su fuerza interior para poder salir adelante. Dice Satya Nadella: "No es que hubiéramos perdido nuestra alma, pero necesitábamos una renovación, un renacimiento". Para esta empresa tecnológica el renacimiento no solo fue el *cloud computing* sino que fue más allá: empoderar a las personas para lograr más. En julio de 2019 los resultados empresariales no solo mostraron a Microsoft como una de los tres grandes de la industria que habían logrado el trillón de dólares junto con Amazon y Apple, sino que ganó el lugar número uno en valoración en el mundo con 1.2 trillones de dólares.

Los devastadores efectos de los ataques a las Torres Gemelas de Nueva York en 2001 llevaron a la bancarrota a las grandes aerolíneas mundiales que tuvieron que acogerse al famoso capítulo 11 de la ley de quiebras de Estados Unidos. Este inesperado meteorito en la industria de la aviación acompañado de los altos precios del petróleo en el año 2004 llevó a empresas como Avianca a tener pérdidas netas superiores a los COP 300.000 millones en ese año. La pregunta era: ¿Cómo levantarse?

---

16   Satya, Nadella. *Oprime Refrescar*. Harper Collins Español. (En inglés: *Hit Refresh*), p. 73.

17   https://www.xatakawindows.com/actualidad-en-redmond/ni-apple-ni-google-la-microsoft-de-nadella-trata-de-encontrarse-a-si-misma

18   https://www.microsoft.com/es-mx/about/default.aspx

Cuando Javier Alexis García llegó a dirigir el área de informática de Avianca en 2003, el cargo que era un patito feo en la compañía, llevaba sin dueño siete meses. A diferencia de hoy que los cargos de tecnología son los que apalancan la transformación digital de las empresas, el área de informática solo era considerada como la encargada de arreglar los computadores de los empleados y solucionar los problemas de las impresoras. Javier Alexis hizo una profunda investigación de los procesos tecnológicos de las aerolíneas mundiales y presentó una ambiciosa estrategia de modernización al comité ejecutivo con los argumentos de hacerla más competitiva, mejorar el servicio al cliente y hacerla atractiva a los inversionistas. Se definieron una serie de proyectos top, necesarios tanto para sobrevivir como para competir (trabajar en el día a día y al mismo tiempo apostar por un nuevo futuro).

Avianca decidió para su día a día, modernizar sus sistemas de información administrativos, y pensando en temas de servicio y competitividad, actualizó su plataforma en todos los aeropuertos alrededor del mundo en donde operaba, para preparar y brindar un mejor servicio a sus pasajeros. Todo esto llevó al relanzamiento de la Aerolínea en el año 2004, presentando una nueva experiencia para el cliente con el tiquete electrónico (e-Ticket) y el e-checking (Pasabordo electrónico) que partió la historia de la aerolínea en dos.[19] [20]

Muchas personas han tenido experiencias devastadoras. Han caído y han estado inmersas en situaciones de las que nunca creyeron poder volver a levantarse, sin embargo, han encontrado la fuerza en su interior y han transformado sus vidas después de estar sumidos en la nada más oscura. A esto es a lo que se le llama resiliencia. En este capítulo estás aprendiendo de resiliencia empresarial y hallaremos el alma de las empresas: su valor. Las personas siempre están en busca del sentido de su vida. El psicólogo Viktor Frankl es un caso

---

19   Revista *Gerente.com. It manager*, gerencia estratégica de tecnología, edición aniversario, mayo – junio de 2004. Los 25 IT Manager del año.
20   Revista *Business Technology*. Junio-julio de 2014.

excepcional de una persona resiliente que se superó y después de haber estado muerto en vida, entregó al mundo de la psiquiatría la logoterapia.

Visualiza a Viktor Frankl arrastrando sus pies con las últimas energías de su cuerpo caminando al lado de miles de personas dejando atrás la herrumbrosa puerta de hierro de Auschwitz, así como en los finales de las películas de la Segunda Guerra Mundial. Sufrió tres años en diferentes campos de concentración. Tenía dos opciones, quedarse en la tristeza de los recuerdos de las atrocidades que sufrió y por las que toda su familia y amigos murieron, o encontrar sentido en la vida. Si hay alguien que pueda entender que es el deseo de suicidarse es él, pero no lo hizo, se superó y desarrolló la logoterapia que ha ayudado a muchas personas a superar sus sufrimientos. Viktor Frankl fue un psiquiatra que encontró valor en su profesión para salir del fondo al que llegó su vida y hacer algo por los demás. "Las palabras del doctor Frankl alcanzan un temple sorprendentemente esperanzador sobre la capacidad humana de trascender sus dificultades y descubrir la verdad conveniente y orientadora".[21]

Al igual que las personas, las empresas pueden caer en algún momento de sus vidas, pero al encontrar su fuerza interior, su razón de ser, su valor, superan las adversidades y renacen para hacer cosas extraordinarias.

¿Cómo encontrar el valor de las empresas?

La mejor manera de encontrar el valor de tu empresa es preguntarte ¿por qué lo haces? es una pregunta tan difícil como si te detienes en este mismo instante y te preguntas a ti mismo ¿Por qué estoy aquí? ¿Por qué existo? Si respiras hondo en este momento. Te detienes y reflexionas sobre estas dos preguntas, puedes quedarte divagando durante horas antes de retomar este libro nuevamente. ¡Hazlo!

---

21   Frankl, Viktor. *El hombre en busca de sentido.* Barcelona: Herder, 2008.

¿Cómo encontrar ese por qué en las empresas? Simon Sinek nos ayuda a encontrar la respuesta a la pregunta empresarial en la tercera conferencia de TED más vista en la historia. Nos enseña cómo encontrar nuestro *why* empresarial. El *why* no es más que el propósito central de la existencia de la empresa, la fuente de pasión e inspiración que la mueve en el mundo. En otras palabras, ¿cuál es nuestra causa?

En la famosa charla de 18 minutos, Sinek repite una y otra vez "la gente no compra lo que haces, compra por qué lo haces".[22] El ejemplo más mencionado es el de Apple, la gente le compra porque piensa diferente, reta al status Quo. Otro ejemplo es el de de Xperlife. Su *why* es una causa: La lucha contra las enfermedades invisibles y dar esperanza a quienes las sufren.

Al igual que las personas las empresas tienen que buscar un espacio para en silencio encontrar ese por qué. En nuestras vidas pocas veces tenemos la oportunidad como personas de preguntárnoslo. La última vez que lo hice fue en Mariquita, un pueblo mágico lleno de verdor en medio de una planicie plena de naturaleza y un clima cálido y amable. Ese día pude estar solo y relajado en una piscina alejada de todo ruido mientras mi familia descansaba. Duré más de una hora ensimismado en una pregunta que en el fragor del día a día nunca nos hacemos: ¿Por qué estoy aquí? Los directivos empresariales también tienen que buscar espacios para hacerse este tipo de preguntas. Buscar lo que Simon Sinek llama su *why*.

Dice Thich Nhat Hanh, uno de los líderes espirituales que más han influido en occidente después del Dalai Lama: "¿Qué queremos hacer con nuestra vida? Esta es la cuestión más importante. Estamos aquí, pero, ¿por qué estamos aquí? ¿Quiénes somos como individuos? ¿Qué queremos hacer con nuestra vida? Estas son las preguntas que normalmente no nos planteamos por falta de tiempo o por no querer hacerles un hueco".[23] Como dueño de empresa, directivo, o parte

22   https://sebastianfalla.com/librosdelmes/2018/1/11/start-with-why
23   Hạnh, Thích Nhất. *Silencio*. Urano, p. 21.

de esa gran entidad que es una organización, ¿te has preguntado?: Estamos aquí, pero ¿por qué estamos aquí?

Valor y competitividad

El valor es lo que te hace diferente en el mercado y la diferenciación es competitividad. Piensa en tu empresa desde el punto de vista de competitividad, en que es fuerte y qué es lo que realmente la diferencia en el mercado.

Muchas veces las crisis son las que nos llevan a estas importantes reflexiones, por eso se habla de recuperar el valor para superar las adversidades. Para ayudarles a las pequeñas y medianas empresas, durante la pandemia del coronavirus Salto Quántico creó un curso llamado "Desde el búnker" que se encuentra en la plataforma de www.blabum.com. Las empresas tenían una proyección y un plan estratégico. La situación inesperada hizo que todo cambiara de la noche a la mañana, que todas las previsiones y proyecciones realizadas no tuvieran ningún valor en la coyuntura global. En ese momento a las empresas, nos les quedaba otro remedio que buscar la fórmula secreta de la supervivencia a través de la transformación. Pero no de la transformación digital, sino de la transformación de negocio".

Con este curso y a través de cuatro sencillos capítulos los empresarios pudieron abrir su mente a buscar oportunidades en medio de la crisis, con los siguientes cuatro simples pasos las empresas encuentran una alternativa a su situación:

Capítulo 1.   Las necesidades de tu entorno

Capítulo 2.   Mis activos inmediatos

Capítulo 3.   Conectando oportunidades

Capítulo 4.   Validación de oportunidades

Empresas como Leonisa la multinacional latinoamericana de ropa interior femenina lo hicieron de una manera natural. Entendieron que todas las personas tenían una necesidad de protección con una nueva prenda de vestir: El tapabocas. Tenían las telas los diseños, las máquinas y la distribución. Conectaron las oportunidades las validaron y entraron a un nuevo negocio: El de la protección de la salud de las personas con una nueva prenda de vestir que probablemente perdurará por muchos años. Según Liliana Posada de Leonisa: "La línea de protección surgió como necesidad en la coyuntura actual. Leonisa puso en función de este momento el conocimiento e innovación que ya venía trabajando".[24]

Leonisa es un ejemplo de cómo a partir de su valor las empresas pueden renacer y transformar su negocio. El mensaje de fondo es que no puedes, ante tanta incertidumbre, detenerte a esperar a ver lo que va a pasar. Hasta para sobrevivir debes tener un espacio para reflexionar, planear y tomar acción. Piénsalo.

---

24   https://www.larepublica.co/empresas/tapabocas-y-telas-antifluidos-protagonizan-la-primera-edicion-digital-de-colombiamoda-3035831

El Salto Quántico personal y el valor de las personas.

¿Ya te preguntaste por qué estás aquí? Simplemente toma un espacio en tu vida, ve solo al parque más grande de la ciudad o busca un espacio tranquilo y solitario y siéntate en el césped a pensarlo.

La fuerza interior

Encontrar mi fuerza interior no ha sido fácil. Durante muchos años no fui consciente de mi ser, solo cuando encontré el poder de la meditación logré una verdadera conexión con mi vida. Hoy en día, cuando la energía de la naturaleza de un nuevo día me levanta a las 3 a.m., siento en mi cuerpo la energía del mundo que me rodea y disfruto con la meditación la conexión con mi ser en medio del silencio de la madrugada. De la misma manera muchas empresas no son consientes de cuál es su valor y no lo aprovechan para encontrar un verdadero propósito en el mundo.

Cuando estuve en Israel con uno los equipos de jóvenes más prometedores del mundo en Mashav, me levantaba a ver el amanecer desde el jardín del hotel en el Monte Carmelo que tenía vista directa hacia el puerto de Haifa en medio del inicio de la meditación diaria. Se escuchaba el sonido de los cuervos que planeaban sobre la bahía haciendo sostenidos en el aire, mientras el sol salía en el horizonte. Luego me encontraba con un equipo de trabajo de amigos del alma de veintidós diferentes países: Rusia, India, Azerbaiyán, República Dominicana, Camerún, Vietnam, Montenegro, Guatemala, Serbia, Kazajistán, Costa Rica y otras fantásticas culturas que se reunieron en uno solo sitio para hacernos ver el mundo de otra manera. Los líderes que hicieron parte de ese equipo me han demostrado que pueden cambiar la historia de sus países y del mundo. Siempre tengo noticias nuevas de sus logros, siento que tienen una gran fuerza interior.

Esa misma fuerza me llevó a conocer al *general partner de* Viola, uno de los inversores de *ventures* más importantes del mundo, para hacerle el pitch de Xperlife, una *startup* que valoramos en 12 millones de dólares. Xperlife, es la red social de la salud que lucha contra las enfermedades invisibles y que creamos con @JavierSimpleMan.

Siento que esa conexión espiritual con mi ser fue lo que me llevó a lograr ese gran hito en mi vida. La fuerza interior es creación.

***

*"Comienza a manifestarse la madurez
cuando sentimos que nuestra
preocupación es mayor por los
demás que por nosotros mismos".*

Albert Einstein

III

MADUREZ QUÁNTICA

La madurez no es ni de negocio, ni es digital, es ambas cosas a la vez. Es cómo madurar el negocio a partir de adquisición de habilidades tecnológicas. Es un crecimiento en dos dimensiones. El de negocio y el digital para lograr el Salto Quántico.

¿Sabes qué es una empresa digitalizada? ¿Conoces a tus nuevos clientes? ¿Qué grado de madurez tienes? Ahora que lo sepas podrás estabilizarte, subir a un nuevo nivel o dar el Salto Quántico.

Los nuevos clientes en la era digital

El merthiolate fue muy popular hace años porque además de sanar las heridas en las rodillas de los niños, muchos pensábamos que el efluvio que causaba el contacto de la palita untada de ese líquido marrón con nuestras heridas era también una reparación espiritual para nuestros padres a quienes les causábamos tantos dolores de cabeza. En los barrios populares después de la entrega de regalos del 24 de diciembre se veían a los niños aprendiendo a montar sus bicicletas y patines en medio de las calles alumbradas por los bombillos de navidad y los amigos del barrio jugábamos lo que llamábamos ring ring corre corre, que no era más que ir timbrando por las casas de los barrios y salir corriendo entre risas, mientras los vecinos desesperados gritaban que se iban a quejar con nuestros sufridos padres. Con la llegada del nuevo siglo el sitio de encuentro de los niños ya no es la calle, ahora es la dimensión virtual a la que ingresan a través de sus dispositivos electrónicos inteligentes como *tablets, smartphones* y computadoras. Y los adultos no se quedan atrás pues su entorno social ahora está en las redes.

Según el portal de noticias de la *BBC*, "en América Latina es en donde están los mayores usuarios de redes sociales del mundo, la media de tiempo de pantalla diario es de 212 minutos".[25] En el mismo sentido *Vanguardia* de España afirma: "hoy en día, en muchos países del mundo ya hay más teléfonos móviles que personas".[26]

Seguramente te estás preguntando si eres *centennial, millennial, baby boomer*, generación x u otra generación, pero para no complicarnos simplemente nos referiremos a dos generaciones: La que llamaremos de nativos digitales y la de nativos análogos.

Los nativos digitales son los que nacieron después de 1981 y crecieron inmersos en estas nueva tecnologías que les permitieron concebir el mundo como un único global y poder hacer cosas extraordinarias como estar omnipresente a través de plataformas de juegos como la de Fortnite que permiten interactuar con personas de cualquier lugar del globo terráqueo mientras se divierten en una batalla o conversar en redes sociales con miles de personas a la vez o la posibilidad de conseguir empleo en cualquier país del mundo por medio de plataformas como glassdoor.

¿Y, cómo son estas nuevas experiencias? Veamos por ejemplo lo que pasa en Fortnite: "Desde que los usuarios empiezan a jugar hasta que son derrotados están hablando de forma constante. El juego dispone de un chat de voz donde los participantes pueden comunicarse entre sí. La conversación no sólo se centra en bidones de plasma o pociones escudo, sino que los usuarios aprovechan para comentar también cómo ha sido su día y crean amistades a medida que interactúan entre sí". "En este sentido, Fortnite se ha

---

25   https://www.bbc.com/mundo/noticias-49634612

26   https://www.lavanguardia.com/vida/junior-report/20190228/46738216865/uso-telefonos-moviles-paises-datos-globales.html

convertido en el tradicional tercer espacio: un lugar que no es ni la casa ni el colegio, donde los niños pueden reunirse y relacionarse con su propio lenguaje".[27]

Los nativos digitales nacieron en medio de la democracia del conocimiento en el que toda la información se encuentra disponible en internet a través de buscadores como Google. El conocimiento que antes era local, ahora es global: puedes contratar expertos en marketing, finanzas, ingeniería en Centroamérica, España, India o cualquier lugar del mundo a través de redes como Workana, la plataforma que conecta los clientes que necesitan realizar un trabajo con los *freelancers* que están en capacidad de ejecutarlo.

Las empresas tradicionales que atendían a sus clientes nativos análogos a través de oficinas y cuyos canales de comunicación eran telefónicos con respuestas de días o semanas en la entrega de los servicios, encontraron que los nuevos clientes que querían captar tenían otras preferencias de compra que son satisfechas por empresas en cualquier lugar del mundo de manera más rápida y con mejores productos. ¿Para qué esperar a comprar un libro en la librería del centro comercial si lo puedo tener inmediatamente después de su lanzamiento en el Kindle de mi *smartphone*? Algunos románticos esperaran a tener el libro físico en sus manos, pero los nativos digitales quieren tener la información al instante. En parte es de aquí, que surge la necesidad de la transformación digital de las empresas.

¿Qué es una empresa digitalizada?

Las empresas digitalizadas son aquellas que se aprovechan de las nuevas tecnologías para crear nuevos modelos de negocio o fortalecer los existentes, para crear nuevos mercados o diferenciarse y ser más competitivas. Estas empresas tienen crecimientos

---

27   https://cronicaglobal.elespanol.com/cronica-directo/curiosidades/fortnite-red-social-milenials_246711_102.html#:~:text=Seg%C3%BAn%20desvel%C3%B3%20el%20informe%20Digital,y%20conectados%20con%20sus%20amigos.

exponenciales que las convierten en empresas globales superando todas las fronteras gracias simplemente a la cobertura del internet. Sus segmentos de clientes no se encuentran ya en un solo país, sino que son empresas de nivel mundial.

Las tecnologías que se han creado sobre internet como el *eCommerce* habilitan a las empresas para vender sus servicios a más clientes en cualquier lugar del mundo con solo hacer tres *clicks* en un portal. Tus usuarios podrían llegar a vivir la misma experiencia de compra que cuando lo hacen para adquirir un libro o unos audífonos en Amazon.

Igualmente las empresas como las personas necesitan relacionarse, pero ya no se necesitan de personas ubicadas en oficinas físicas en grandes edificios o puntos de atención para interactuar con sus clientes. Las plataformas de interacción tienen nuevos modelos como el de omnicanalidad que permiten que los usuarios interactúen a través de chat, voz sobre internet, blogs o video para poder atender a los clientes. ¿Te imaginas que en el futuro un holograma de una persona aparezca frente a tus ojos en la sala de tu casa para que te puedas probar las prendas de la última moda de una famosa tienda de Milán? ¿Qué tal simplemente ese holograma sirva para que un chef te enseñe cómo hacer un risotto de mariscos? Seguramente en unos años lo más normal será interactuar con estas proyecciones en tercera dimensión para solucionar temas de servicio al cliente o venta de servicios.

Estas interacciones a través de un portal, un chat o un blog generan emociones positivas en los clientes, pues con solo tres *clicks* y en cuestión de muy pocos minutos se solucionan necesidades para las que antes era necesario llenar papeles o desplazarse a oficinas de atención para esperar a ser atendido durante horas. Es por esto que los bancos son los pioneros en digitalización y están a la vanguardia en este tema. Consultar un saldo, hacer un traslado o abrir una cuenta se hacen a través de una aplicación o página web.

Las empresas se digitalizan apalancándose en nuevos modelos tecnológicos como el *crowdsourcing*, lo que les permite encontrar fuerza laboral sin necesidad de contratar directamente empleados o de aprovecharse de activos sin necesidad de comprarlos. El ejemplo más común es el de Cabify, en el que los conductores y los vehículos que utilizan para desarrollar su modelo de negocio no son empleados ni propiedad de esta empresa, pero sí generan altos volúmenes de ingresos y rentabilidad.

Finalmente, encontramos que los ecosistemas industriales ahora son "co-petitivos", dos empresas de dos industrias diferentes como la banca y las telecomunicaciones se pueden convertir en aliados habilitados por las nuevas tecnologías. Los bancos encontraron que con la información que tenían las empresas de telefonía móvil de sus clientes y aplicando un poco de analítica podrían llegar a un nuevo segmento de mercado, el de los estratos bajos y ofrecer microcrédito a este mercado desatendido. Este es el caso del Grameen Bank, KIVA y M-PESA que en África y Asia rompieron con todos los esquemas y ahora son un gran negocio, pero más importante lograron el sueño de la inclusión social y financiera. Las nuevas tecnologías como el internet de las cosas o IoT (internet of things), la nube (el *cloud*) y la analítica apalancan nuevos modelos de negocio que antes eran inimaginables.

¿Te habías imaginado tractores con conductores invisibles? Según IDG[28] John Deer "pasó de vender tractores a ser una compañía de tecnología". Uno de sus primeros logros fue controlar por medio de tecnologías de IoT sus gigantes tractores: "Comenzamos a colocar receptores GPS de alta precisión en nuestras máquinas grandes a principios de la década de los 2000, lo que les permitió manejarse por sí mismos. Cualquier gran tractor o cosechadora que vendamos y que hayamos tenido durante los últimos doce años, le presionas un botón y se conduce solo". "La tecnología está en el centro de

---

28   https://www.idgconnect.com/idgconnect/interviews/1000204/tractor-seller-john-deere-technology-company

la propuesta de valor que entregamos. Tendrá dificultades para encontrar una gran máquina agrícola que enviemos fuera de nuestras fábricas que no tenga sensores de tipo IoT, que no esté conectada a la nube y que no se utilice para administrar las operaciones".

Las personas también pueden hacer realidad sus sueños y sus negocios más fáciles. Antes, si eras un talentoso melómano para poder ser reconocido en el mundo de la industria musical lo más normal es que tuvieras que trabajar en una emisora. Mientras escribía estos párrafos, nuestro editor, que es un experto en música rock, me compartió por WhatsApp un enlace de su *podcast,* en una aplicación llamada MixCloud. A un click pude descargar la aplicación para poder aprender de la mano de Jacobo Celnik de los artistas del rock progresivo mientras escuchaba las historias y las canciones seleccionadas de Genesis, Yes, Asia, entre otros, conectado por el Bluetooth del celular a un parlante inalámbrico. La mayoría de nuestras interacciones ahora son digitales.

En resumen, las tecnologías habilitan que las empresas sean digitales y puedan desarrollar nuevos modelos de negocios permitiéndoles vender y entregar su valor a millones de personas a través de nuevos canales de atención, nuevas maneras de relacionarse y apalancando sus actividades y herramientas clave, en nuevos modelos de negocio y alianzas que les generan una agilidad y potencia que las diferencian en el mercado y las hacen disruptivas.

Mi nivel de madurez

There's a lady who's sure all that glitters is gold
And she's buying a stairway to Heaven...
There's a sign on the wall, but she wants to be sure
'Cause you know sometimes words have two meanings
Led Zeppelin, 1971

La madurez es el camino que recorres con destino hacia la iluminación empresarial. Pero no todo lo que brilla es oro. Puedes encontrar dos rumbos , te puedes equivocar y terminar perdido en el bosque si te dejas deslumbrar por el camino fácil de la transformación digital. La transformación de negocio apalancado en herramientas digitales es el camino.

Para evaluar su madurez las empresas tienen que preguntarse si lo están logrando gracias a las herramientas y modelos digitales:

- ✓ ¿Estoy llegando a más clientes y ampliando mi mercado?

- ✓ ¿Tengo el potencial de llegar a millones de clientes?

- ✓ ¿Estoy creando un nuevo mercado?

- ✓ ¿Estoy desarrollando nuevas formas más fáciles de interacción con mis clientes?

- ✓ ¿Mis clientes están teniendo nuevas experiencias y están sintiendo nuevas emociones?

- ✓ ¿Mi negocio está creciendo exponencialmente apalancado en estos nuevos modelos y herramientas?

- ✓ ¿Estoy mejorando o creando nuevo valor para mis clientes?

Este tipo de preguntas son las que te permitirán a entender tu madurez de negocio y digital.

¿Qué niveles de madurez podemos encontrar?

El primer nivel de madurez es el de *dinosaurios*. Las empresas dinosaurio son aquellas que nacieron para prestar servicios a los nativos análogos. Para entregar su valor tienen modelos de canales e interacción con los clientes de hace décadas. Algunas han percibido un descenso año a año en sus ventas e ingresos, otras lo ocultan con la manipulación de las cifras de negocio y las esconden convirtiéndose en un tumor silencioso, como un cáncer en mortal expansión. Uno de los principales síntomas es que tienen una desbandada de cancelación de servicios de sus clientes y no logran compensarlo con la diferenciación en precio, para reponer los clientes que están perdiendo. En algunos países se presentó un fenómeno muy común en el competitivo sector de las telecomunicaciones que algunos llamaban el carrusel de la telefonía móvil, por ejemplo: un cliente de Digicell podría retirarse por mal servicio. Su competidor, Movistar, lo atraía con un precio más bajo y con más servicios, pero a su vez los clientes de Movistar insatisfechos con sus servicios eran atraídos por un tercer competidor como Tigo, también por precio. Al final, el primer competidor, al ver la pérdida de clientes, decide bajar también los precios, recuperando los clientes que había perdido. El resultado final era una constante disminución de precios en el mercado reflejado en disminución del ingreso. Esta competencia, basada en precio, destruye valor en las empresas y genera insatisfacción por el servicio generalizado en todo el sector.

Otra característica que tienen las empresas dinosaurio es que los procesos los manejan con papelería o con intercambio de correos. Para una empresa dinosaurio, todas las demás organizaciones en el ecosistema son competidoras y será muy raro el caso en el que busquen hacer sinergias para crecer en el mercado. La manera de aprendizaje de las personas sigue siendo la tradicional y esperan ser capacitadas en salones de clase para poder cumplir las funciones de su trabajo. "En los países de la OCDE, alrededor de una cuarta parte de los trabajadores manifiestan que hay un desajuste entre sus cualificaciones y las que exige su puesto de trabajo".[29]

El segundo nivel es el de la *radiografía digital*. El dinosaurio ahora se presenta como una fotografía digital hacia sus clientes. Lograr este nivel es básico para aprender y poder subir más escalones hacia el Salto Quántico. Las empresas encuentran un aliado en el *eCommerce* y en el marketing digital. Los clientes encuentran ahora sus productos y servicios en su página web o aplicaciones y, en los casos más avanzados, pueden hacer sus compras por estos medios. La manera de atraer a los clientes a estos canales digitales es a través

---

29   https://www.bbvaopenmind.com/articulos/la-desigualdad-en-la-era-digital/

del marketing digital. Las empresas han entrado al mundo de las redes sociales, la conversión del pipeline y el *customer experience*.

Entre más pequeñas son las empresas, menor es su tendencia a la digitalización. En Colombia, las microempresas representan el 92,5% del total del país. En una encuesta realizada a inicios de 2020 por el Centro de Estudios Económicos de la ANIF, "se encontró que la mayoría de microempresas realiza sus ventas por vía directa (98 % industria, 100 % comercio y 98 % servicios). Menos del 3 % usa redes sociales con pago virtual (3 % industria, 2 % comercio y 4 % servicios) Una cifra realmente decepcionante teniendo en cuenta todas las posibilidades tecnológicas que tienen hoy en día las empresas de empezar como nativos digitales.

El tercer nivel es la *empresa digitalizada*. Este tipo de organización evoluciona a través de la tecnología. Atiende el mismo mercado pero logra ventaja competitiva inyectando herramientas tecnológicas que dan más valor a sus clientes y, que en conjunto con la experiencia digital y las eficiencias operativas automatizadas, la convierten en una empresa que toma ventaja ante sus competidores tradicionales. Sus empleados están ávidos de obtener nuevo conocimiento mediante la autocapacitación, a través del aprendizaje digital. Uno de los principales apalancadores para las empresas digitalizadas es el *cloud*, que les permite lograr ahorros en tecnologías tradicionales de cómputo y les permite sacar más rápido sus productos al mercado puesto que ya no necesitan montar gigantescas infraestructuras en sus *datacenters* propios para poder desarrollar sus aplicaciones y servicios. Según 2nd Watch, la empresa de consultoría en *cloud*, ellos lograron eficiencias y ahorros para Yamaha: "Migramos sus sistemas de producción a AWS y administramos el medio ambiente, ahorrándole a la empresa US$500.000 al año y liberando a su personal de TI para realizar importantes proyectos".

El último nivel es el *Quántico*. Este aspecto lo veremos en los últimos capítulos de este libro. Las empresas que alcanzan este nivel ya no piensan en miles o millones de clientes, piensan en llegar a billones de clientes con productos y servicios que cambian las vidas de las personas. Estas empresas buscan un nivel superior, van más allá de la venta, logran lo que otros no han logrado en beneficios para las personas como la salud, la enseñanza, las finanzas, el entretenimiento y niveles tan altos como la espiritualidad. Estas empresas transforman la manera de pensar de las personas, rompen paradigmas, establecen nuevos estándares, ponen en problemas a los gobiernos con la regulación y se saltan todos los pasos tradicionales para llegar a ser empresas Quánticas.

Las empresas Quánticas son como los seres humanos cuando encuentran la iluminación: no son solo mente. Entienden que también son conciencia, Ser. Dejan de pensar solo en los ingresos y en el crecimiento de mercado para trascender en la historia de la humanidad. Resuelven problemas que parecían no tener solución y ganan batallas que se habían dado por perdidas hace años.

La iluminación empresarial consiste en que las empresas dejen el ruido tecnológico que han creado y se concentren en su verdadero propósito: ayudar a la humanidad. Cuando las personas encuentran la iluminación, dejan atrás su ruido mental constante y encuentran en el silencio su conexión con su ser, con su verdadero propósito y trascendencia. Para las personas, encontrar esa conexión les trae abundancia a sus vidas, lo mismo sucederá con las empresas: cuando encuentren su verdadero propósito la abundancia y los resultados financieros vendrán naturalmente a ellas.

Con el poder de la tecnología apalancando a estas empresas Quánticas, tenemos la esperanza de que muy pronto se encontrará la solución a la contaminación ambiental y la cura a varios problemas de salud pública como el cáncer, que está desatado en todas sus facetas. Todo esto con la esperanza de que se generen nuevos estudios que le permitan avanzar a la humanidad hacia un mundo sostenible.

Tenemos ejemplos de empresas Quánticas del mundo tecnológico que han logrado avances sorprendentes y que nos dejan boquiabiertos con las experiencias que nos entregan sus productos y servicios. Empresas como Apple con la creación del *smartphone*, AWS con su modelo *retail digital* o sus servicios de computación en la nube.

Pero las empresas Quánticas más valiosas son las que han encontrado la conciencia de la humanidad. La iluminación empresarial. Empresas como el Grameen Bank con su modelo de negocio apalancado en las tecnologías de dispositivos móviles han permitido que en países de India y África se logre el modelo de inclusión financiera a través de microcréditos que se pueden otorgar a personas de bajos recursos y haciendo un negocio rentable para sus accionistas. Se encuentra valor para sus accionistas, pero también un valor superior para sus clientes.

Según Forbes, en 2010 el hombre más rico del mundo era Carlos Slim con 53.5 billones de dólares.[30] Hizo una inversión de millones de dólares para proveer de telefonía móvil a México con la empresa Telcel. Pero no fue la tecnología la que disparó su fortuna. Todos sus competidores tenían acceso a ella y la participación en el mercado era muy baja. Fue el famoso modelo de negocio con las tarjetas prepagadas lo que masificó su negocio y disparó el uso de la telefonía celular en los países latinoamericanos. Slim entendió la necesidad de su cliente y generó un nuevo canal de compra para que la tecnología fuera aprovechada por las personas más necesitadas. "La empresa alcanzó a la líder del mercado Iusacell, controlada por el magnate Ricardo Salinas Pliego, orientando su estrategia a personas de bajos ingresos, ofreciéndoles contratos sin necesidad de una tarjeta de crédito o cuenta bancaria. Ofrecía teléfonos subsidiados y tarjetas telefónicas prepagadas, y así el servicio de celulares creció de nueve millones de suscriptores en 2000 a treinta y nueve millones en la

---

30	https://www.forbes.com/decade-of-billionaires/

actualidad".[31] Enfocarse primero en ayudar a millones de personas a solucionar sus necesidades básicas de comunicación llevaron a Slim a obtener sus extraordinarios resultados financieros.

. . . .

¿Quieres ser una empresa Quántica? Primero debes pensar en tu modelo de negocio y luego apalancarte en las nuevas tecnologías.

Y tu empresa: ¿qué madurez Quántica tiene?

. . . .

---

[31]   https://finanzasydinero.com/blog/carlos-slim-1940-actual/

El Salto Quántico personal, el autoconocimiento y la realización

Somos potencialidad pura. Conocernos y desarrollar nuestras capacidades nos llevará a dar el Salto Quántico personal. Pero para desarrollar estas capacidades debemos autoevaluarnos, para saber en dónde estamos y definir a dónde queremos llegar. *Gnothi Seauton* -conócete a ti mismo-, son las palabras inscritas en la entrada del templo de Apolo en Delfos, sede del oráculo sagrado[32]. Antes de hacer ninguna otra pregunta, primero debemos hacer la pregunta fundamental en la vida: ¿Quién soy?"[33]

Autoconocernos nos ayudará a nuestra realización personal, que se define como "el proceso mediante el cual uno consigue ser todo lo que en potencia es".[34] El ser humano tiene muchas áreas de su vida en las que debe evolucionar a partir de su autoconocimiento. Según Maslow "la realización parte por cubrir las necesidades básicas hasta llegar a las de crecimiento, pasando por las necesidades fisiológicas, de seguridad, sociales, autoestima y finalmente la autorrealización". Para el investigador Kurt Goldstein la realización "incluye la búsqueda de la iluminación espiritual, la obtención de conocimiento y el deseo de expresarlo al mundo con creatividad propia".[35]

Pero el poder más grande que puede obtener un ser humano es su propia consciencia. Dice Deepak Chopra que "somos en nuestro estado esencial, conciencia pura. Conciencia pura es potencialidad pura; es el campo de todas las posibilidades y creación infinita". Cuando descubres tu naturaleza esencial y sabes quién eres realmente, en este conocimiento propio está la habilidad de satisfacer cualquier sueño que tengas".

32	https://es.wikipedia.org/wiki/Con%C3%B3cete_a_ti_mismo
33	Tolle, Eckhart *Una nueva tierra*. Grijalbo.
34	https://sermasyo.com/la-realizacion-personal/
35	https://es.blastingnews.com/sociedad/2018/04/autorrealizacion-la-necesidad-mas-elevada-del-ser-humano-002483809.html

Luis Baquero, un gran amigo, que ha sido ejemplo de realización en su vida, decía: "pide lo que quieres y se te dará". Tardé mucho tiempo en entender esta frase y su concepto superior, pero hoy en día comprendo que la conciencia es potencial. Este tema es muy profundo y extenso así que les recomiendo los siguientes libros si quieren profundizar en esta materia: *Las 7 leyes espirituales del éxito* de Deepak Chopra, *Deja de ser tú* de Joe Dispenza, *El poder del ahora* de Eckhart Tolle y *La magia sí existe* de Carolina Angarita Barrientos, una colombiana que afirma que todos somos creadores de nuestra realidad.

***

"Las oportunidades están en
donde otros encuentran excusas".

Jack Ma

IV

ECOSISTEMA DE OPORTUNIDADES

En un ecosistema de negocios hay un intercambio de valor y dinero con infinitas posibilidades. Los ecosistemas son dinámicos e interactivos, y tienen un constante movimiento de los participantes y del intercambio del valor y el dinero. Definir una nueva posición en el ecosistema puede generar un nuevo modelo de negocio disruptivo y exponencial.

Las revoluciones industriales y los ecosistemas

Las revoluciones industriales se tratan de desaparición, extinción, aniquilación, y a la vez de creación, nacimiento y revolución, todo esto es generado por el surgimiento de nuevas tecnologías. Esto es exactamente lo que sucede en un ecosistema. Lo que fue el meteorito para los dinosaurios puede ser el equivalente a la invención de la energía eléctrica y su correcta aplicación por Nikola Tesla. Las patentes de Tesla fueron las bases de los sistemas de potencia eléctrica por corriente alterna y el motor de corriente alterna, que originaron la segunda revolución industrial. ¿Qué empresas dominaban el mercado durante la primera revolución industrial? ¿Cuántas desaparecieron? ¿Cuáles entendieron el nuevo ecosistema y transformaron su modelo de negocio?

Nos debemos preguntar lo mismo ahora: ¿Qué empresas desaparecerán y qué empresas permanecerán con la cuarta revolución industrial? ¿Qué empresas sobreviven a la pandemia de la COVID-19? y ¿Cuáles quedaron heridas de muerte?

Los cambios en las revoluciones industriales siempre han estado atados a tres elementos: la necesidad del cliente, las nuevas tecnologías y los modelos de negocio. Y la desaparición de los gigantes de la industria, está atada a la incapacidad de sus directivos de entender los cambios en el ecosistema de negocios. Theodore Levitt en "La miopía del marketing" (uno de los diez artículos más importantes de *Harvard Business Review*), les da una bofetada a los directores empresariales de 1960 con este mensaje: "El fracaso es la cima" echándoles en cara su mala administración, que es la razón del descenso de sus empresas: "Los ferrocarriles no pararon de crecer porque la necesidad de el transporte de pasajero y flete disminuyera. Eso creció. Los ferrocarriles tienen problemas hoy no porque la necesidad fue llenada por otros (los coches, los camiones, los aviones, aún teléfonos), sino porque no fue llenada por las empresas de ferrocarriles por sí mismas".[36] Los directivos asumieron estar en el negocio ferroviario antes que en el negocio del transporte. La razón de que ellos hayan definido su industria equivocadamente es porque estaban orientados al ferrocarril". ¿Qué sucederá con el petróleo? Algunos, tardíamente, se han dando cuenta de que están en el negocio de la energía y han diversificado sus negocios hacia la eólica o solar. ¿Pero será suficiente? ¿Qué sucedió con Kodak? ¿No fueron ellos los inventores de la fotografía digital? ¿Entonces por qué perdieron su mercado? Probablemente la respuesta es que no se dieron cuenta de que no estaban en el negocio de la fotografía sino en el de las imágenes. Es típico que los responsables de mercadotecnia nos enamoremos de nuestros productos y no los queramos dejar ir cuando las tecnologías habilitan nuevas soluciones y permiten desarrollar nuevos modelos de negocio que traen más beneficios para las necesidades del mercado.

---

36   HBR's 10 Must Reads on Strategic Marketing (with featured article "Marketing Myopia," by Theodore Levitt)

Los depredadores cazan a sus presas, pero cuando se descuidan pueden ser a su vez cazados. Las empresas desaparecen, y muchos de nosotros ni siquiera nos damos cuenta, solo sabemos que antes usábamos un teléfono pegado a una pared, o qué tomábamos fotos con rollos de 36 exposiciones o teníamos que hacer fila en un banco para consultar un saldo. Ahora ni siquiera nos acordamos de estas empresas depredadas por otras disruptivas que ya conocemos en el mercado. A esto es lo que llamamos abducción empresarial. Un día estás y al otro desapareces y el público ya no se acuerda de ti.

La transformación digital se encuentra en industrias tan cotidianas como por ejemplo la de los relojes. Cuando la generación de los centennials consulta la hora hoy en día lo hace en los dispositivos móviles que tienen a la mano, muchos de ellos no saben cómo se lee la hora en las manecillas que hacen el sonido mecánico de tic-tac. Empresas tan tradicionales en joyería como Tag Heuer han decidido lanzar su línea de relojes inteligentes o *Smart watch*, mientras otras como Rolex parece que han decidido por ahora envejecer y tal vez morir a la par con sus clientes, pero con las botas puestas.

Una cosa es segura: los relojes de manecillas desaparecerán con la generación nostálgica de los *baby boomers*. Los *smartwatch* son una incógnita pues, a pesar de que han sido lanzados por las empresas disruptivas del mercado como Apple y Samsung, no se sabe si es una forma de mantenerse atados con la vieja costumbre de tener un lazo en la muñeca o si solucionando el problema de tener que estar cargando la batería, se convertirán en la nueva normalidad de la vida como lo fueron los relojes de manecillas. En 2019, alrededor de 200 millones de personas usaban un *smartwatch* con Apple liderando las ventas con un 46,4% de despachos a nivel mundial, pero esto puede ser simplemente una moda y que se vea frenado su crecimiento en cualquier momento.

Empresas que eran gigantes de la industria desaparecieron con las revoluciones tecnológicas. Blockbuster es ahora solo un nostálgico recuerdo del local que visitábamos cogidos de la mano con nuestra novia mientras que en sus oficinas sus directivos despreciaban la oferta de Netflix, de transformar su negocio de anaqueles llenos de cajas de plástico por el contenido virtual que seguramente no conocían. Nokia se trató de reinventar por la presión de Apple pero finalmente no lo logró. Microsoft que la trató de resucitar, reconoce que su compra es uno de los peores negocios que ha hecho en la historia y tuvieron que despedir 18.000 empleados después de este fracaso. Mientras tanto, los bancos que si se adaptaron a las revoluciones tecnológicas se distinguen ofreciendo servicios con aplicaciones digitales. El *cloud*, la inteligencia artificial, los robots y modelos como el *crowsourcing* han generado un movimiento en la industria y la creación de nuevas *startups* que crean nuevos productos y servicios que adoptan las nuevas generaciones y que mueven las fuerzas competitivas, creando nuevos ecosistemas que están en un movimiento cada vez más rápido, generando espacios de valor y con oportunidades de monetización que a su vez hace que siga habiendo un movimiento "browniano" que genera más y más oportunidades dentro de la célula que es este ecosistema. Este capítulo se trata de que veas en el ecosistema las oportunidades de negocio y el dinero que no habías visualizado antes.

¿Qué es un ecosistema de negocios?

Un ecosistema es un engranaje complejo de relaciones entre organismos vivos y el medio ambiente en que interactúan. Las relaciones de mutua dependencia y el flujo de materia y energía para su estudio son comprendidos como un todo estructurado y organizado.

Dice Eckhart Tolle en su libro *El poder del ahora*: "Al escrutar de cerca un bosque encontrarás que el tronco se está descomponiendo y las hojas podridas no solo hacen nacer una nueva vida, sino que ellos mismos están llenos de vida. Los microorganismos están actuando en ellos. Las moléculas están reordenándose. De modo que no hay muerte por ninguna parte. Solo existe una metamorfosis de las formas de vida. ¿Qué puedes aprender de esto?". En los ecosistemas la energía se transforma, en las empresas el valor se modifica, desaparece o se crea por los diferentes actores del ecosistema empresarial que lo convierten en una dinámica viva y que tiene cada día cambios más vertiginosos adaptándose a las cambiantes necesidades de sus clientes.

La empresa Kodak en su proceso final de descomposición encontró en la crisis de la COVID-19 en el año 2020 una oportunidad de resurgir (si, es cierto, no había desaparecido por completo). Aprovechando su vasta experiencia en la fabricación de productos químicos y su patrimonio de innovación y calidad decidió hacer su metamorfosis y entrar en el negocio de la fabricación de farmacéuticos genéricos con Kodak Pharmaceuticals. Esto hizo subir la acción 1500 % en la semana del anuncio.[37]. Gran ejemplo del poder de transformación del valor y los activos empresariales para cubrir las necesidades en un nuevo ecosistema de negocios.

Parafraseando la definición de ecosistema que damos al inicio de este capítulo podemos afirmar que es un engranaje complejo, de relaciones entre actores de diferentes industrias, inmersos en las políticas de gobiernos en un mundo cada vez más globalizado. Hay relaciones de mutua dependencia que generan intercambio de valor con flujo de dinero entre los actores y que para su estudio son comprendidos como un todo estructurado y organizado pero en un constante cambio y evolución: lo que podríamos llamar dinámica de mercado.

La dinámica de los ecosistemas

No hay nada más constante que el cambio, y en la cuarta revolución industrial la tecnología ha inyectado una energía tal al

---

37   https://www.larepublica.co/globoeconomia/por-que-la-accion-de-la-ya-casi-extinta-empresa-kodak-ha-subido-casi-1500-durante-esta-semana-3038264?utm_source=newsletter

ecosistema que está generando cambios tan vertiginosos que en 10 años el listado de las compañías más grandes del mundo cambió totalmente. En el top 5 de empresas por capitalización de mercado, se encuentran cuatro gigantes tecnológicos: Microsoft, Amazon, Apple y Alphabet (Google), desplazando a empresas del sector industrial, financiero y petrólero. La tecnología ahora es la reina.

¿Qué sucedió con las empresas durante la pandemia de la COVID-19?

Según PWC, hubo un desplome de empresas principalmente del sector financiero. Citigroup, Wells Fargo y Bank of América perdieron más del 40 % de capitalización de mercado, al igual que las petroleras Exxon Mobil, Royal Dutch Shell y Chevron Company.

"El sector industrial es el que ha visto abandonar más compañías del top 100 en el periodo (3M, Airbus, Boeing and United Technologies Corporation), seguidos por materiales básicos, petróleo y gas".

Reposicionarse en el ecosistema

¿Y entonces qué le aconsejamos a un directivo de una empresa?

Que mire el ecosistema como un lugar en el que hay un intercambio de valor y dinero con infinitas posibilidades. Que identifique a los participantes de su ecosistema y se reposicione estratégicamente para encontrar oportunidades que nunca antes había visto. Que aproveche las herramientas digitales para maximizar el valor para sus clientes. Encontrará nuevos modelos de negocio que pueden ser el origen de su Salto Quántico.

Encontrar una posición estratégica en el ecosistema puede generar oportunidades de modificar o crear nuevos modelos de negocio. La experiencia de consultoría de Salto Quántico ha demostrado que a partir de esto se pueden crear poderosos modelos que generan un crecimiento exponencial.

En el mercado de la cuarta revolución industrial, las nuevas tecnologías han habilitado el ingreso de velociraptors que por su agilidad empiezan a comerse el mercado rápidamente y se convierten en gigantes que desafían y cambian las reglas de la industria, haciendo que los ecosistemas sean dinámicos y estén en movimiento constante. Las empresas deben encontrar la posición en que se encuentran en el mismo y las oportunidades que pueden encontrar al reubicarse estratégicamente en estos ecosistemas.

En la nueva revolución industrial los ecosistemas no son independientes. Antes parecía que una industria no permeara a otra. El sector de las telecomunicaciones permanecía en su sector y no le tocaba los callos al sector financiero. Es más, ni se le pasaba por la cabeza, pero hoy en día vemos anuncios en diferentes medios de cómo las empresas de telecomunicaciones ofrecen servicios financieros. *El País* de España menciona en un artículo: ¿Serán los operadores de telefonía los nuevos bancos?

Dice nuestro colega y amigo Israel Bloesch: Parece que hay una tendencia a equiparar ecosistema a industria. Efectivamente el meteorito puede venir de otra industria. Pero yo creo que no es porque haya una guerra entre industrias. Sino porque un ecosistema incluye actores de diferentes industrias, y también diferentes tipos de actores (clientes, aliados, proveedores, competidores) que se organizan en un entramado de cadenas de valor. Creo que quien dijo eso de la guerra de industrias lo estaba mirando de manera miope. Realmente lo que pasa es que los ecosistemas ya no son aislados, ya no está la selva, la tundra y la sabana. Sino que nacen actores que conectan en su cadena de valor diferentes ecosistemas, y en este proceso aceleran el proceso entrópico de los menos adaptables a la nueva situación. Esa entrada o nacimiento de una nueva especie en el ecosistema es lo que denominamos meteorito. Pero no es un enfrentamiento de bloques, de ecosistemas aislados, sino un flujo de elementos que se reorganizan. Una transformación natural e inevitable, viva y orgánica, del mundo en que vivimos, y de las leyes de su economía.

Quien conoce la historia de Amazon sabe que comenzó en el sector de *retail* siendo exitoso y poniendo en jaque al rey de la industria Walmart. Pero no se quedó allí y decidió que con todos los activos que tenía se podía transformar e incursionar en el mundo de la tecnología, así que creó la nube, o el *cloud computing*, esta vez poniendo en jaque a gigantes de la industria como IBM o Microsoft. Esta incursión en esta industria cambió totalmente el ecosistema. Algunos lo podrían llamar guerra entre ecosistemas, pero realmente es el movimiento natural en un único y universal ecosistema en el que todos son depredadores y presas. Quien desarrolla nuevas habilidades de agilidad, eficiencia e innovación, es quien evoluciona.

¿Cómo reposicionarse? Esto ya hace parte del "cómo", es decir del Método Q. Al final del libro *encontrarás un* anexo que habla del método y si quieres puedes aprender a ser un consultor Q entrando a las redes de Salto Quántico y Blabum en donde se encuentran contenidos de aprendizaje.

Los ecosistemas se encuentran

¿Qué tienen que ver las petroleras, las empresas de telecomunicaciones y las nuevas energías?

Mientras las empresas petroleras en algunos casos están pensando que el trabajo en nuevas fuentes de energía es un ejercicio de transición hacia energías más limpias,[38] actores que nunca han tenido que ver con la energía se reposicionan en el ecosistema apalancados en sus activos y sus fortalezas para silenciosamente e hipotéticamente convertirse en competidores relevantes y posiblemente los meteoritos del sector de *oil & gas*

Esa entrada o nacimiento de una nueva especie en el ecosistema es lo que denominamos meteorito. Pero no es un enfrentamiento de bloques, de ecosistemas aislados, sino un flujo de elementos

---

38   https://www.nsenergybusiness.com/features/oil-companies-renewable-energy/

que se reorganizan. Una transformación natural e inevitable, viva y orgánica, del mundo en que vivimos, y de las leyes de su economía.

Según la consultora Arthur D Little, "hace mucho tiempo los servicios que prestaba una empresa estaban fundamentados simplemente en la industria central en que operaban. Sin embargo, a medida que los mercados en las industrias tradicionales se vuelven maduros y saturados, las compañías están encontrando dificultad para hacer crecer sus ingresos más allá" y por lo tanto están buscando incursionar en nuevos mercados.

En una gira que hice en 2019 para presentar tecnologías de *cloud computing* por Medellín, Cartagena, Bucaramanga, Barranquilla, Cali y finalmente Bogotá, estaba buscando la manera de introducir las herramientas de nube con un concepto más estratégico de transformación digital y me encontré con este impactante titular del *Wall Street Journal*: "Google and Amazon Seek Foothold in Electricity as Home Automation Grows"[39] [40] y decía: "Amazon y Alphabet están dando los primeros pasos para expandirse en el negocio de la electricidad a medida que la automatización de la energía doméstica emerge como una nueva fuente de datos de clientes. Los gigantes de la tecnología no están interesados en vender megavatios, al menos no por ahora. Pero están buscando formas de expandir sus parlantes inteligentes, termostatos conectados a Internet y otros dispositivos para aprovechar la información sobre el uso de energía personal de los consumidores. Esa información tiene un gran poder; se puede usar para administrar la demanda de energía incentivando a los consumidores a usar menos electricidad durante las horas pico".

¿Amazon y Google quieren entrar al negocio de la electricidad? Se abría la oportunidad de permear la industria de la energía eléctrica.

______

39   https://www.wsj.com/articles/google-amazon-seek-foothold-in-electricity-as-home-automation-grows-11548604800

40   https://www.foxnews.com/tech/google-amazon-seek-foothold-in-electricity-as-home-automation-grows

En ese momento me pregunte: ¿Qué necesitarían para poder llegar a las casas de todas y cada una de las personas del planeta como lo hacen las empresas de electricidad? Me di cuenta de que la oportunidad era para quienes estaban presentes en todas y cada una de las casas con su capilaridad, conexiones de datos y con sus cuadrillas de mantenimiento. La Telco era una de las que tenía la oportunidad de entrar al negocio de la energía. Posteriormente me encontré con este artículo de Arthur D Little que me confirmó mi hipótesis: *"Energy hand in hand with Telco. Is a wave of merging electric utility and telco assets imminent?"* – *La energía de la mano con la Telco. ¿Es inminente una ola de fusion de servicios públicos de energía y activos de telecomunicaciones?.* [41]

No podemos predecir los movimientos de estos actores cada vez más robustos y globales, de lo que si estamos seguros es de que el que dé el primer paso tendrá la ventaja. ¿Necesitan las empresas de energía solar a los Telco? ¿Los necesitan ellos a ellas? ¿La industria del petróleo, carbón y electricidad se verán afectadas por una rápida expansión de energías limpias? ¿Serán necesarias las tradicionales líneas de transmisión eléctrica, o simplemente, unos paneles solares locales controlados por el Internet de las cosas serán suficientes para proveer la energía de los hogares? ¿Quién será el líder en este negocio? ¿Tendrá ya la ventaja Tesla con sus eficientes baterías de litio recargables?[42]

¿A quién le apuestan ustedes los lectores? ¿Habrá alianzas? ¿Las petroleras serán actores importantes en el nuevo campo de las energías? o ¿Los retadores de la industria como Tesla se convertirán en líderes? ¿Sabrán las Telcos aprovechar sus ventaja competitivas para ser los líderes? ¿Será alguno el meteorito de la industria del petróleo y el gas? Solo el tiempo nos dirá quiénes fueron los visionarios, con más velocidad y agilidad que pudieron dar el Salto Quántico.

---

41   http://www.adlittle.cn/sites/default/files/viewpoints/adl_convergence_energytelco.pdf

42   https://www.tesla.com/powerwall?redirect=no

El Salto Quántico personal y los ecosistemas.

No somos seres aislados. Hacemos parte de una comunidad. De un mundo. Me decía constantemente una frase mi amigo César Rico: "Somos lo que son las cinco personas con las que más interactuamos". Muchos de nosotros no salimos de la ruta de la casa al trabajo y del trabajo a la casa. Nos movemos, máximo, en un radio de veinte kilómetros e interactuamos siempre con las mismas personas. Somos sedentarios.

César tuvo muchas dudas cuando tuvo que mudarse a Canadá con su esposa por razones de trabajo. Llegó en invierno con ella y con su hijo e inmediatamente asumió su cambio, inclusive decidió romper lazos con todo lo que fuera su antigua vida e iniciar una nueva. Hoy precisamente escribiendo este capítulo hablaba con él y veía cómo ha evolucionado con el cambio. Su hijo que sabe español e inglés les dice a sus padres que ahora va a aprender y les va a enseñar francés. Él por su parte está muy animado porque ahora elevó su nivel de inglés y se quitó el temor que tenía de no tener suficiente fluidez como para acceder a un empleo. Ahora tiene espectaculares oportunidades laborales, además de que ha tenido tiempo para él mismo y para sus estudios. Ahora su asesor laboral quiere presentarlo como un motivador para otras personas que están viviendo el mismo proceso. Él me dice por WhatsApp: "Siempre he pensado que los riesgos hay que tomarlos y no detenerse por el miedo, porque siempre hay oportunidades de aprender y conocer cosas nuevas y solo eso ya es ganancia".

¿Qué trajo a su vida ese nuevo ecosistema en que ahora vive? ¿Es bueno el cambio en nuestras vidas? ¿Cambiar nuestro entorno? Esto es algo que podremos profundizar en nuestro próximo libro enfocado en las personas.

Pertenecemos a un todo. No todo es el mundo físico y con las personas que nos rodean conformamos un ecosistema en el que no hemos detectado cosas invisibles que están allí y que pueden cambiar totalmente nuestras vidas. Estamos identificados con las cosas materiales y no detectamos la verdadera esencia de todo lo que está a nuestro alrededor. Dice Ekchart Tolle en su libro *Una nueva tierra*: "Debajo de la superficie no solamente todo está conectado entre sí, sino que también está conectado con la fuente de la vida de la cual provino". "Cuando observamos o sostenemos una flor o un pájaro y le permitimos ser sin imponerle un sustantivo o una etiqueta mental, se despierta dentro de nosotros una sensación de asombro, de admiración. Su esencia se comunica calladamente con nosotros y nos permite ver, como en un espejo el reflejo de nuestra propia esencia".[43]

La meditación me ha llevado a una conexión de mi ser con la naturaleza y con el universo. Me ha traído sorpresas y otras perspectivas a mi vida. Estamos en un ecosistema mucho más grande que simplemente las cosas y las personas que tenemos a nuestro alrededor. Es el momento de descubrirlo.

***

---

43   Eckhart, Tolle. *Una nueva tierra*. Grijalbo. P. 31.

"No te compares con nadie en
este mundo. Si lo haces,
te estás insultando a ti mismo".

Bill Gates

¿QUÉ QUIERO SER Y QUÉ DEBO HACER?

Haz hecho un viaje en el que viste que tu empresa puede desaparecer pero te diste cuenta de que tienes valor y que puedes crear nuevos modelos de negocio a partir de las oportunidades que encuentras en el ecosistema. Tu punto de partida es la madurez actual del negocio y digital de tu empresa. Ahora te haces dos preguntas: ¿Qué quiero ser? y ¿qué debo hacer? Todas las empresas tienen un sueño. Como en los seres humanos los deseos de realización se encuentran en la profundidad de su Ser. En el caso de las empresas son los sueños de sus dueños y sus empleados más fieles. Una vez que se ha ampliado el campo de todas las posibilidades se debe definir una nueva dirección para la empresa. Pero no puedes dejar de ser lo que te ha hecho llegar hasta aquí por perseguir este nuevo sueño. Tienes que hacerlo como un todo: Debes trabajar en el núcleo y en la periferia para poder dar el Salto Quántico.

¿Qué quiero ser?

Trascender es el objetivo máximo de dar el Salto Quántico. ¿Quieres ser un unicornio? ¿Qué quieres que sea tu empresa? Para lograrlo debes tener claridad y visualizar qué vas a hacer, a dónde quieres llegar y para quienes quieres hacerlo.

Por definición, trascender es empezar a ser conocido por algo que estaba oculto o sobrepasar los límites[44]. Es por esto que en el segundo capítulo hacíamos una evaluación del valor de las empresas. Puede ser que ese valor haya tenido un sentido en la historia, pero ahora puedes transformar el todo para que ese valor sea conocido por algo nuevo, algo disruptivo, algo que cambie el rumbo de la humanidad.

Hasta las compañías más admiradas y recientes crean nuevos modelos de negocio alrededor de su valor y siempre en búsqueda de un propósito superior.

Elon Musk, cofundador y líder de Tesla Motors, SolarCity y The Boring Company, tiene un propósito superior para estas compañías que es "abordar el riesgo climático acelerando la transición a la electricidad limpia y al transporte eléctrico".[45] El sueño de Elon Musk comenzó con el Tesla S que cambió todos los esquemas de la industria de automóviles ecológicos. Rompió los paradigmas que había de que estos vehículos tenían que tener unos diseños utilitarios, con una autonomía limitada, baja deportividad y altos precios. El Tesla S no es solo un vehículo con autonomía de más de 500 kilómetros con una carga (lo que dura un tanque de gasolina), sino que es uno de los carros más deportivos que existe con una aceleración de 0 a 100 kms/hr en 2.7 segundos[46] (mejor que un Ferrari F12), un diseño interior y exterior de ensueño, pero posiblemente lo más disruptivo es que vale lo mismo que un carro deportivo de su misma gama. Es por esto por lo que tienen dos años de espera para la entrega de vehículos y sus fábricas están trabajando a máxima capacidad, algo nunca visto en esta industria.

El corazón de este sueño automotriz está en sus baterías de litio de alta duración y un precio accesible. Esto fue el origen de otro

---

44   https://www.rae.es/dpd/trascender
45   https://www.dw.com/es/qui%C3%A9n-es-elon-musk-y-c%C3%B3mo-logr%C3%B3-su-%C3%A9xito/a-53598536
46   https://www.tesla.com/models

gran negocio. A partir de el valor que ofrecían pensaron en otro gran beneficio para la humanidad. Energías limpias para los hogares. Un negocio que puede reemplazar el suministro cableado de energía eléctrica como lo conocemos hoy en día. PowerWall es este negocio y consiste simplemente en baterías que pueden almacenar 10KW, suficiente para dar energía a un hogar durante la noche, mientras en el día sus baterías se cargan con paneles solares. [47] Simple pero poderoso. Tesla puede ser el meteorito de la industria de Oil & Gas, de electricidad y muchas más.

La historia nos dirá si Elon Musk será el Nikola Tesla de esta cuarta revolución industrial y si finalmente logrará cambiar la historia de contaminación que está a punto de destruir nuestro planeta con combustibles fósiles. Todo parte de una necesidad no cubierta para un segmento específico de la sociedad. O una mejora a esas necesidades cubiertas, pero que tienen alguna insatisfacción.

¿En dónde encontrar las respuestas? ¿Cómo hallar la claridad? Estamos sumergidos en un mundo lleno de problemas por solucionar. El día al día nos absorbe y los árboles no nos dejan ver el bosque. Puedes identificar en el caso de los automóviles eléctricos ¿cuáles eran los árboles y el bosque para los fabricantes que crearon el Nissan Leaf, el Honda EV o los prototipos de GM y finalmente el Tesla S? Piénsalo.

Les debo confesar que en el colegio perdí filosofía, mi hermano, en mi libreta impresa de notas, me puso un círculo alrededor de la nota que decía que pasé el año con un "que oso (que vergüenza)", porque pasé por arrastre de las demás materias. Como todo en la vida a lo que huimos, al final nos lo encontramos de nuevo. Y tal vez con más fuerza. Creí nunca más mencionar en mi vida a Sócrates y Platón, y menos después de vivir en 1990 la aburrida experiencia de la clase de filosofía en la que el profesor nos ponía a leer los

---

47   https://sotysolar.es/blog/tesla-hacia-donde-vamos-powerwall-solar

inentendibles textos escolares mientras echaba una siesta durante la clase.

Descubrimos con Javier Alexis después de un tiempo de estar desarrollando ideas de empresas que lo que habíamos estado haciendo no es más que el método socrático. Nos sentábamos en nuestros cafés preferidos mucho tiempo a construir alrededor de una idea. Nuestro parto.

Esto no es más que mayéutica. El método socrático por el cual dos personas dialogan y el maestro hace preguntas al discípulo y de ese modo el discípulo encuentra el conocimiento en sí mismo. La palabra griega (μαιευτικος, ΜΑΙΕΥΤΙΚΟΣ), en griego significa parto.[48] Y Sócrates consideraba que ese parto era encontrar esa *verdad* que está dentro de nosotros mismos y que conocíamos de una vida anterior.

A través de la ironía Sócrates lograba desestructurar a su discípulo, de esta manera esa amistad que el discípulo tuvo con sus propias ideas se rompe y ya está preparado para el parto.

De este descubrimiento experiencial surgieron dos conclusiones:

La primera es que para encontrar respuestas a preguntas profundas acerca de nosotros mismos, o en el caso del Salto Quántico empresarial, debemos encontrar espacios en los cuales mediante el diálogo podamos responder temas como el por qué de nuestra empresa, qué queremos que sea y qué debemos hacer. Es por esto por lo que cuando estudien el Método Q para poder materializar todo el proceso que lleva a una empresa a dar el Salto Quántico encontrarán un capítulo en donde se habla del "Café Sócrates", que no es más que buscar espacios relajados lejos del ambiente tóxico y contaminado de las oficinas para encontrar las ideas que cambiarán el rumbo de la empresa.

---

48   http://etimologias.dechile.net/?maye.utica

La segunda idea está ligada a una experiencia que tuve en el 2008 con Humberto Cadavid y Diego Parra, fundadores de Katharsis: Ellos me enseñaron lo que llaman "La teoría del bloqueo" con la que se logra exactamente ese efecto que menciona Sócrates: desestructurar a su discípulo para romper con esas ideas antiguas y hacer nuevas conexiones neuronales que lo lleven a crear nuevas ideas que en el mundo de hoy se consideran ideas disruptivas. Los talleres con ellos fueron momentos alucinantes, estar soñando despiertos en un oasis en medio de un entorno rígido empresarial. Vestidos con corbatas, pero rompiendo paradigmas.

La única manera de que entiendas que es el bloqueo y como libera tus neuronas, es que tú mismo hagas los ejercicios y encuentres el efecto. Para esto te planteamos este ejercicio que aparece en el libro: 61 misterios de un minuto.[49]

Misterio: Un hombre yace muerto en el suelo de su habitación, que está cerrada por dentro y no hay signos de entrada forzada. No hay heridas en su cuerpo, pero hay gotas de su sangre en las paredes.[50] ¿Qué pasó?

Pista #1: El crimen en una habitación cerrada con llave desde el interior. El hombre trabaja como investigador en África.

Solución: El hombre es un investigador en África y está allí para estudiar una rara especie de monos. Vive solo en una cabaña en el bosque. Su única preocupación son los mosquitos que continúa estrellando contra las paredes de su cabaña, pero no antes de que hayan tenido éxito en chupar su sangre. Sin embargo, se dará cuenta demasiado tarde de que sus picaduras le han traído la malaria y está demasiado aislado para poder pedir ayuda.

El ejercicio hace que tus neuronas generen un bloqueo y tengan que desconectarse para generar nuevas conexiones que te permitan

---

49   Vivarelli, Federico. *61 Misterios de un minuto: investigaciones para la lógica lateral.*
50   Ibíd.

encontrar una solución más creativa. A continuación, un segundo ejercicio inédito hasta ahora (rétate y crea uno).

Misterio: Estoy parado en un monte a una gran altura viendo hacia el océano. Decido dar un salto al vacío cayendo en un cráter en un valle. No sufro ni un rasguño. ¿Qué pasó?

Pista #1: Amplia tu espacio, tu visión, piensa más allá de una montaña, expande tus fronteras mentales, ¿qué tan alto puedes estar para ver el océano?

Solución: Estoy parado sobre un monte en la luna (si, la topografía lunar tiene los mismos nombres que en la tierra), y al saltar en un cráter no me sucede nada gracias a la falta de gravedad.

En conclusión: Amplia tu mente, rompe paradigmas, crea nuevas conexiones y tendrás ideas que pueden cambiar a la humanidad. Con el Método Q las empresas acceden a talleres que les permiten encontrar estas ideas que pueden cambiar sus destinos.

Finalmente un anticipo al capítulo de Salto Quántico:

1. Si quieres sobrevivir...sigue en lo mismo pero más digital.

2. Si quieres sacar "ventaja", innova... Pero pronto te volverán a alcanzar.

3. Si quieres dar tu Salto Quántico

   • Cambia las reglas del mercado

   • Crea un nuevo mercado

   • Diferénciate tanto en tu sector, que te conviertas en el meteorito

¿Qué debo hacer?

Hay que trabajar en el núcleo y en la periferia para trabajar en el Salto Quántico, pero antes de empezar a trabajar debo definir cuál va a ser mi enfoque estratégico.

Enfoque estratégico 4D

Como lo mencionaba Israel Bloesch en la introducción del libro:

La transformación nunca ha sido ni será digital, sino la del negocio. La tecnología no transforma ningún negocio. El negocio se transforma independiente de la tecnología. Las empresas que no han nacido directamente de la nueva economía, sino que parten de modelos y métodos tradicionales, tienen cuatro opciones estratégicas que se visualizan claramente en las posibles combinaciones de las palabras "transformación" y "digital".

Esto es lo que llamamos Enfoque Estratégico 4D, en donde creamos cuatro cuadrantes con el eje de transformación como el horizontal y el digital como el vertical. Resultando en las siguientes opciones:

Oportunidades de continuidad

No transformación – no digital: la continuación del negocio tradicional de la empresa.

Esto es esperar a verlas venir. Un inmovilismo paralítico o tal lentitud de reacción que es lo mismo que no avanzar. El resultado será, sin duda, la extinción fulminante. Como pasó con aquellos dinosaurios que pisaron la tierra antes del meteorito.

Oportunidades de digitalización

No transformación – sí digital: Apalancamiento en tecnologías para lograr eficiencias, pero con una falsa propuesta de valor.

Aquí reside la ceguera de moda. Una simple digitalización de procesos, sistemas, canales, que conduce a hacer lo mismo para los mismos con una falsa nueva propuesta de valor. Porque, si mi propuesta de valor actual no es buena, no importa cuántos accesorios le añada. Seguirá siendo una propuesta sin valor, pero con bisutería muy cara. El resultado de esta estrategia es la lenta agonía de la empresa, de sus inversores y sus cada vez menos y más infelices empleados.

Oportunidades de transformación

Sí transformación – no digital: Nuevos productos, servicios y modelos no tecnológicos.

En esta estrategia radica la semilla de una auténtica transformación. Consiste en ir al fondo del ecosistema empresarial y ver qué propuesta (forma de satisfacer una necesidad no cubierta o mal cubierta) es por la que el mercado estaría dispuesto a pagar más. Y plantear un modelo de negocio que me reposicione en ese lugar más atractivo del ecosistema y de la cadena de valor.

Oportunidades de dar el Salto Quántico

Sí transformación – sí digital. Nuevos modelos de negocio exponencial que impactan el ecosistema.

Es una estrategia que no se puede dar sin la anterior. Consiste en el uso de las tecnologías más acertadas y eficientes para llevarme en el menor tiempo posible a la posición dominante del ecosistema empresarial y del mercado. En definitiva, es dotar de crecimiento ágil y exponencial a un nuevo concepto o concepto transformado de un negocio.

Modelo atómico empresarial

Las empresas deben tener dos velocidades: la de núcleo y la de órbita. Sucede como cuando pones un disco en un tocadiscos (que lo volvieron a utilizar los melómanos por su calidad de sonido análogo). Te hipnotizas mientras miras cómo el acetato, con sus surcos, gira a 33 revoluciones por minuto, y en el centro (el núcleo) ves como se mueve lentamente y en el borde (la periferia u órbita) ves como si girara con más rapidez. Es más, si pones una moneda en el centro verás como gira tranquilamente a la par con el titulo estampado en la galleta del disco (digamos *Wish you Were Here* de Pink Floyd para hacer honor a nuestro melómano editor), pero si pones la misma moneda en el borde del disco, saldrá disparada por la fuerza centrífuga. En el núcleo debes lograr que tu negocio tradicional se mantenga a flote, aplicando tu conocimiento y las estrategias que lo han hecho crecer y ganar mercado.

En la órbita del negocio es en donde debes lograr resultados rápidos y de alto impacto, que la fuerza centrífuga haga su efecto. En la órbita es en donde se aplica la innovación los nuevos modelos de negocio e intensivamente las herramientas digitales. Se trabaja con experimentación, modelos de agilidad y equipos de alto desempeño.

Se necesita un balance entre el negocio tradicional y el nuevo modelo de negocio: "Los negocios están cambiando fundamentalmente en substancia. Un pedazo del antiguo permanece, pero lo que emerge es claramente diferente en diferentes formas materiales. Es un líquido convirtiéndose en gas. Una oruga convirtiéndose en una mariposa." "Requiere dos transformaciones y no una". [51] Los ejecutivos deben reposicionar su *core* tradicional en tanto que lideran un equipo separado y enfocado en una marcha distinta hacia una nueva montaña".

Componente de núcleo

Las compañías que han perdido competitividad usan sus oportunidades de digitalización buscando recuperar camino. En primera instancia su trabajo se enfoca en dos puntos esenciales: comunicarse digitalmente con sus clientes y ser más eficientes. Esto es: adaptación. Para comunicarse digitalmente con sus clientes lo que hacen es crear nuevos canales de comunicación como una página web, una app o medios más sofisticados como la

---

51   Anthony, Scott D.,Anthony, Scott D.,Gilbert, Clark G.,Gilbert, Clark G.,Johnson, Mark W.,Johnson, Mark W. .Dual Transformation Harvard Business Review Press. Edición de Kindle.

omnicanalidad con lo que logran crear nuevas experiencias para sus clientes y para los que son más avanzados nuevos canales de venta como un *eCommerce*.

La eficiencia la logran utilizando herramientas digitales que les permiten ahorrar tiempo y dinero. Un ejemplo de herramienta digital es el *cloud computing*, que apalancado en el modelo de pago de uso "nebuliza" sus plataformas tecnológicas físicas transformándolas en plataformas virtuales que se elevan para estar en lo que se llama la nube o *cloud computing*. Esto convierte modelos de CAPEX (Capital Expenses) en OPEX (*Operational Expenses*) que hacen más flexibles a las empresas. Durante la pandemia de la COVID-19 muchas empresas necesitaron usar plataformas de videoconferencia para poder hacer las reuniones que antes hacían presencialmente en sus oficinas, ahora virtualmente. Para esto no necesitaron comprar equipos de videoconferencia, ni un *datacenter* con servidores o equipos de multiplexación que mezclaran las llamadas como se hacía antes de 2015. Simplemente compraron planes de pago por uso para poder hacer las videoconferencias en nube sin preocuparse por invertir en CAPEX y simplemente pasando todo al gasto. Si la pandemia duraba tres meses o dos años no les preocupaba, pues inmediatamente volvieran a la normalidad cortaban el gasto que habían generado sin ninguna penalidad pues el *cloud* no tiene contratos de permanencia normalmente.

Grandes empresas han logrado con simples herramientas ofimáticas su transformación digital. En internet encuentras casos de éxito como el del Sporting Cristal de Perú que fue el primer equipo de fútbol en adoptar la plataforma de ofimática de G-suite en América Latina: "Desde un inicio, la idea de una integración de las distintas áreas del club a través de una práctica constante basada en la colaboración y co-creación debía estar reforzada por una plataforma con los *features* necesarios para dicho fin y albergada en la nube. El club empezó a encontrar en la nube -a través de G Suite- una infraestructura flexible, a la medida y fácil de acceder remotamente.

En contraste, el servidor local del club requería contar con recursos in situ para -por ejemplo- acceder a documentación e información. Es por ello que las ventajas de la nube y las limitaciones de una infraestructura *on premise* se volvieron cada vez más tangibles una vez iniciada la cuarentena obligatoria propiciada por la propagación global de la Covid-19".

Todo el anterior trabajo en el núcleo se resume en competitividad. Como el lema de los Juegos Olímpicos de Múnich en 1972: *Citius, Altius, Fortius*: Más rápido, más alto, más fuerte. Esto es simplemente superar a su competencia mediante el desarrollo de sus propias capacidades.

Componente de órbita

Volvamos a ver girar la moneda en el borde del acetato. Si tienes un tornamesa haz el ejercicio, ojalá a 78 revoluciones por minuto; La fuerza centrifuga hará salir disparada la moneda. Esto hace parte del Salto Quántico: lograr un componente de energía cinética que haga que tu empresa se aleje de una manera acelerada de tu competencia. Pero para esto necesitas dejar que el núcleo siga girando y hacerte liviano en el borde. Para esto existen modelos de agilidad e innovación que no puedes aplicar en el núcleo, pero que puedes trabajar con equipos de trabajo separados que logren resultados rápidos o bien fallen rápido para volver a empezar como está definido en la metodología de *lean startup*.

El Salto Quántico es el secreto que te va a revelar este libro. Aún no es el momento, pero pronto lo vas a conocer.

Empresas radioactivas

A las empresas que no logran el equilibro entre núcleo y órbita las llamamos: Empresas radioactivas. A la radioactividad también se le conoce como desintegración nuclear, esto ocurre digámoslo de manera sencilla pero científica cuando el núcleo es sobre excitado.

En empresas complejas y tradicionales los directivos muchas veces buscan aplicar las prácticas de la órbita en el núcleo, generando inestabilidad en sus empresas. Los procesos de agilidad e innovación generan cambios constantes sobre procesos que estaban consolidados y en empleados que no están preparados para los cambios ocasionando inestabilidad sin lograr resultados y como sucede en los núcleos reactivos pudiendo llevar a la desaparición de la empresa.

Una transformación digital mal aplicada puede vulnerar los derechos de los empleados y generar riesgos legales laborales para la empresa: "Dentro de los derechos que corren riesgo con la transformación digital, podemos destacar problemas de privacidad y libertad, eliminación de tiempo libre, problemas de conciliación familiar, deshumanización, pérdida de derechos laborales, y la generación de problemas como pueden ser de salud a corto y largo plazo, debido al estrés por no existir un derecho a la desconexión laboral o por el control que se puede llegar a exigir con implantación de chips a trabajadores" [52]

Como lo mencionábamos al principio de este libro:

"El 84 % de los procesos de transformación digital fracasan. El motivo: Intentar acoplar nuevas aplicaciones digitales en viejas estructuras y procesos desfasados. La digitalización hace posibles auténticas transformaciones, no meras extensiones de viejos hábitos".

---

[52] https://ugtcyl.es/web/wp-content/uploads/2018/08/Estudio-prospectiva-transformacion-digital.pdf

El Salto Quántico personal: ¿Qué quiero ser?

¿Alguna vez te has preguntado para qué estoy aquí? ¿Simplemente para sobrevivir?

En el año 2014 leí un libro de llamado *Where will you be five years from today?* de Dan Zadra. Este es un inspirador texto que te invita a decidir qué es lo próximo que quieres en tu vida y definir estrategias para lograrlo. El libro lo compré porque había venido pensando en algo que llamé *Planeación Estratégica Personal* (PSP) y que inclusive presenté como una *startup* en un concurso de la Cámara de Comercio de Bogotá. Lo impresionante es que cinco años después, releyendo el libro, encontré que la mayoría de los sueños que había plasmado allí: viajes, un lujoso auto, mis estudios y mi vida feliz, todos los había logrado. Con mi esposa recordamos los viajes que hemos hecho, algunos en compañía de mi mamá, y nos damos cuenta de que los sueños se pueden hacer realidad. Hasta el perro blanco de orejas puntudas que siempre veíamos en la calle con su caminar gracioso y que nos encantaba, hoy está con nosotros haciendo parte de nuestras vidas. Se llama Matías.

¿Cómo lograr los sueños? Hay que pedir. Lo había mencionado antes. Según Joe Dispenza lo que observamos, a lo que ponemos atención se puede hacer realidad. Es por eso que dicen: deséalo con todo tu corazón y lo lograrás. En el libro *Deja de ser tú* lo explica de esta manera: "Lo que los físicos cuánticos descubrieron es que la persona que está observando (o midiendo) las infinitesimales partículas del átomo afecta la conducta de la energía y la materia. Los experimentos cuánticos demostraron que los electrones existen como una infinidad de posibilidades o de probabilidades en un campo invisible de energía. Pero sólo cuando el observador se fija en cualquier localización de un electrón, es cuando aparece ese electrón. Piensa en lo siguiente: todo cuanto existe en el universo físico está hecho de partículas subatómicas como los electrones.

Por naturaleza, estas partículas, cuando existen como puro potencial, están en estado de onda mientras no son observadas. Potencialmente son «todo» y «nada» hasta que las observan. Existen por todas partes y en ningún lugar hasta que son observadas. Por lo tanto, todo lo que existe en nuestra realidad física existe como puro potencial". Si tu mente puede influir en la aparición de un electrón, en teoría también puede influir en la aparición de cualquier posibilidad".[53]

Ahora siempre que me encuentro una persona que me parece exitosa lo primero que hago es preguntarle por sus prácticas espirituales y si hace meditación. Normalmente me responden que hacen meditación y que se fijan en su respiración, inclusive me recomiendan libros que me han servido mucho para seguir creciendo en el desarrollo de mi consciencia. Gracias a todos ellos.

---

53   Dispenza, Joe. *Deja de ser tú (Crecimiento personal)* (Spanish Edition) (p. 41). Urano. Edición de Kindle.

"No esperes el momento, pues nunca será el adecuado. Empieza donde estés ahora, trabaja con lo que tengas a tu disposición y encontraras mejores herramientas a medida que sigas adelante".

Napoleon Hill

VI

HERRAMIENTAS DIGITALES PARA GENERAR
MOMENTUM

La cuarta revolución industrial es una convergencia de tecnologías que habilitan nuevos modelos de negocio. Puedes construir lo que sueñes y que antes no podías a costos muy accesibles. Solo necesitas imaginarlo y utilizar las herramientas adecuadas. Para salir de la inercia y lograr *momentum* debes entender cómo tecnologías como la inteligencia artificial (IA), el Internet de las cosas (IoT) o la nube (*cloud*) apalancan nuevos modelos de negocio y traen innovación, agilidad, nuevas experiencias para los clientes y eficiencias que generan ahorros e inclusive crean nuevos mercados, todo esto hace que las empresas sean únicas o más competitivas.

Tecnologías que habilitan nuevos modelos de negocio.

La cuarta revolución industrial es un big bang que tuvo su origen en el desarrollo de las nuevas tecnologías de comienzos de este siglo. La explosión de nuevas herramientas digitales habilitan la globalidad, aceleran la entrega de valor, mejoran la experiencia y hacen más eficientes a las empresas. Pero el número de herramientas digitales es tal, que las empresas se ahogan en el tornado de las invenciones digitales. Para acometer adecuadamente todo esto, lo ideal es ubicarse en el centro del huracán, tomar aire y pensar que es lo que quieres ser y hacer, para después si aplicar las herramientas tecnológicas que potencian a la empresa a conseguir *momentum* para transformarse en el núcleo a la vez que se alistan para dar el Salto Quántico.

Desde la perspectiva de negocio lo importante es conocer las herramientas y saber para qué se pueden usar. Con las herramientas digitales puede suceder el mismo efecto que con las herramientas de la caja metálica que tienes guardada en la bodega de tu casa: encontrarás que "si eres martillo, todo lo que verás a tu alrededor serán tachuelas". En el caso de las herramientas digitales, puedes fácilmente creer que porque usas algunas de ellas -por ejemplo, haces marketing digital- ya eres digital.

El padre de Javier Alexis García fue un innovador en la creación de herramientas para arreglar vehículos. Cuenta Javier que para sacar la tapa del contenedor del aceite en algunas marcas de vehículos en los talleres de los pueblos podían demorar horas debajo de un auto tratando con martillo y destornilladores para desprenderlas. Su padre creaba herramientas que al aplicarlas de forma correcta con introducir un extremo cuidadosamente en un orificio al lado de la tapa y hacer un delicado giro sacaba de inmediato la antes imposible de mover tapa del aceite. Puedes usar un destornillador y un martillo para desarrollar tu trabajo o puedes ahorrarte tiempo, esfuerzo y dinero haciéndolo además con calidad con la herramienta adecuada.

¿Cómo podríamos clasificar las herramientas digitales?

Podemos clasificar las tecnologías por su interacción con el ecosistema o por sus objetivos de competitividad. Comencemos por la primera opción:

Clasificación por interacción con el ecosistema

Podemos hacer una analogía de las herramientas digitales con la manera en que el cuerpo humano interactúa con su entorno: El hombre recopila información de lo que sucede a su alrededor a través de los sentidos y el sistema nervioso central lleva la información a su cerebro para analizar la información y generar alguna interacción con ese entorno.

Por ejemplo: Imagínense que han decidido ir a pasear al lago de Joux en Suiza en invierno a hacer patinaje sobre el hielo congelado del lago. En esta pista natural pueden disfrutar del paisaje de abetos nevados alrededor de las tranquilas aguas rodeadas de hermosas casas de tipo alpino en las montañas. Los sentidos que le permiten recopilar información acerca de lo que sucede en su entorno son el tacto, el olfato, la vista el oído y el gusto. Los órganos de los sentidos están hechos para recopilar información de lo que está sucediendo a su alrededor, en algunos casos simplemente para almacenar esta información en los recuerdos como sería el caso de las bellas casas alpinas con sus tejados llenos de nieve y el humo de la chimenea contrastado con los cielos azules, o bien para generar reacciones inmediatas: Estás patinando tranquilamente almacenando información en tu cerebro cuando de repente escuchas (oído) un crujido debajo de tus pies, diriges tu mirada (vista) al hielo del piso y ves como se resquebraja el hielo y sientes de un momento a otro el frío en todo tu cuerpo (tacto) al sentirte sumergido en las aguas del lago helado. La sola recopilación de información no te llevará a ninguna acción. Pero tu médula espinal generará una respuesta motora que buscará hacerte salir a flote mientras tu cerebro busca alternativas para buscar ayuda y elementos que te permitan sobrevivir. [54]

Gran coordinación del cuerpo y que impresionante respuesta a los estímulos. Ahora veamos cómo podríamos entonces clasificar nuestras herramientas de acuerdo con la interacción con el entorno.

---

54   https://www.pictoeduca.com/leccion/194/el-sistema-nervioso/pag/1392#:~:text=Ejemplo%3A%20al%20recibir%20una%20quemadura,piel%20y%20mueve%20la%20parte

Sentidos digitales: Aquellas que interactúan con el entorno y generan experiencias o traen información para ser analizada. Ejemplo de estas tecnologías son:

- Internet de las cosas o IoT (tacto, gusto, etc). Son sensores que pueden llevar información desde un sitio remoto a través de internet a un centro de información para su procesamiento y respuesta. Una manilla que monitoree el ritmo cardiaco de un adulto mayor y que transmita sus señales a una central de procesamiento que tenga capacidad de reacción para atender emergencias podría salvar muchas vidas. Otra aplicación del IoT nos la enseñó nuestro amigo Juan Carlos Chitiva. Con su ánimo inquieto y de crear empresa, nos mostró la primera aplicación de IoT que nos hizo sentido. Un candado inteligente. Durante años, las empresas que tienen infraestructura crítica y bienes valiosos distribuidos que requieren entrada de personal, como de contratistas de mantenimiento, han tenido que jugar al desgaste de tener el manojo de llaves en sus oficinas y correr con el riesgo de seguridad que implica entregarlas y que sean copiadas perdiendo totalmente el control del acceso. Estos candados inteligentes, fabricados por una empresa canadiense, simplemente se instalan en las puertas o rejas y se abren con una clave criptográfica desde un móvil. Una buena aplicación de esta tecnología es el acceso a las radio-base de telefonía celular, los resultados de su uso son que han mejorado significativamente los niveles de servicio en los mantenimientos porque se eliminaron tareas como recolección de llaves y se disminuyó el robo de activos como baterías. Si quisiéramos comparar esta aplicación del candado con algún sentido humano sería el de la telequinesis (controlar los objetos con el poder de la mente).

- Robótica (sistema motor): *Citius, Altius, Fortius,* de nuevo la famosa frase que fue el lema de los Olímpicos de Múnich puede ser la mejor comparación de la robótica con el cuerpo humano. Todo lo que supere nuestras capacidades para hacerlo más rápido, más alto o fuerte es susceptible de ser robotizado. Es finalmente la imitación del comportamiento humano o animal, pero incansable, eficiente y perfecto en su funcionalidad.

Cerebro digital: Son las tecnologías que tienen que ver con el aprendizaje, el análisis de información y la toma de decisiones, así como la comunicación con dispositivos externos para recibir información y generar acciones. Si lo comparamos con las funciones del cerebro humano, tiene bastante sentido, ¿cierto? "El cerebro controla y regula las acciones y reacciones del cuerpo. Recibe continuamente información sensorial, analiza rápidamente estos datos y luego responde, controlando las acciones y funciones corporales. El neocórtex es el centro del pensamiento de orden superior, del aprendizaje y de la memoria."[55] Miremos algunas tecnologías tipo cerebro digital:

- La nube o *cloud computing*: La base del *cloud computing* es el almacenamiento y el procesamiento de información. Esto es lo que se conoce normalmente como infraestructura como servicio. Las capacidades de la nube se pueden considerar como ilimitadas. Maneja capacidades de petabytes (1.000.000.000.000.000 de bytes) y los procesamientos más complejos. Podría considerarse lo más parecido al cerebro humano.

- *Big Data, Machine Learning, Analitycs, Deep Learning*: Hazte esta pregunta: ¿Quién es la persona más inteligente que has conocido? ¿Qué es lo que más admiras de ella? Muchas personas tienen la capacidad de discernir entre la complejidad y solucionar problemas que otros ni siquiera logran plantear, pero hoy en día los sistemas de inteligencia artificial lo pueden lograr sin necesidad de las personas. ¿Quieres saber con mayor fidelidad a partir de una mamografía si una mujer puede estar en las fases iniciales de un cáncer? ¿O saber mediante las interacciones que han tenido tus clientes con la compañía si se van a ir? ¿O si tienes

---

55   https://es.wikipedia.org/wiki/Cerebro_humano

una tienda de ropa aconsejar a tus clientes que prenda se adapta mejor a su personalidad y sugerirla para que haga una compra? ¿encontrar un posible fraude en un contrato? ¿O simplemente que tu carro se maneje por si solo? Todas estas son las habilidades que traen estas nuevas impresionantes tecnologías que están al servicio de la humanidad. Trabajar todos estos conceptos de *Big Data, Machine Learning, Analitycs, Deep Learning* puede ser muy extenso y se encuentra mucha información en internet, sin embargo, lo más importante es que son herramientas que se encuentran hoy a disposición de las empresas y a precios muy económicos tanto en formatos de software como servicio como con servicios empresariales.

¿Te imaginas si puedes integrar un sistema de tecnologías que logre los mismos resultados que el impresionante cuerpo humano o el de un animal como un águila?. Hoy en día se usa mucho el ejemplo de los legos. En mi memoria está indeleble el recuerdo de cuando mi padre me regaló mi primera caja de lego. Eran fichas de varios tamaños y colores que encajaban perfecto entre ellas. En ese tiempo no venían con un manual para construir una figura específica. El límite era tu imaginación. La tecnología funciona de la misma manera. Unes una ficha de IoT, con un transmisor móvil y un sistema de inteligencia artificial y tienes el sistema de emergencias para adultos mayores que habíamos mencionado en este capítulo.

Ir más allá que el cerebro y los sentidos

¿Debe ir la tecnología más allá del cerebro y los sentidos digitales? Claro que sí. Si hacemos de nuevo una extrapolación con la inteligencia humana descubrimos que las personas son más que su coeficiente intelectual. Los humanos tenemos múltiples inteligencias. El primero en clasificar la inteligencia más allá del coeficiente intelectual fue Daniel Goleman. Él entendió que el ser humano es más que la capacidad analítica de su cerebro. El ser humano son emociones, comunicación, creatividad, relaciones, la interacción con su ecosistema natural y más. Si pensáramos que la tecnología no es más que la capacidad de analizar datos, nos quedaríamos con la computación, la nube y la inteligencia artificial. Pero la tecnología va más allá en sus interacciones y la manera en que apoya la construcción de modelos de negocio. Veamos esto a continuación.

Relaciones tecnológicas: La plataforma

Uno de los sistemas tecnológicos que más ha habilitado modelos de negocios disruptivos es el de la plataforma. Una plataforma no es más que un sistema que le presenta la oferta a la demanda. Tarde o temprano íbamos a hablar del modelo de Uber, una plataforma que presenta a los usuarios que necesitan transporte (demanda), personas que pueden ofrecerlo con sus vehículos (oferta), a través de una plataforma que es un software que funciona sobre un sistema de procesamiento y almacenamiento (el teléfono inteligente) que tiene comunicación con Internet. ¿Por qué son disruptivos los modelos de plataforma? Porque su relación es simple y pura (el mismo sueño de los enamorados): se olvidan de todo lo físico y se centran en la esencia. De allí que Uber es el modelo de negocio que transporta a millones de usuarios sin necesidad de tener activos como automóviles y sin necesidad de tener empleados. ¿Puedes hacer la misma extrapolación a Airbnb? ¿Qué tal a Spotify? ¿Puedes crear tu propio modelo de plataforma? Las herramientas están allí en la nube, solo es que definas tu modelo de negocio.

Emociones tecnológicas: Los sistemas de interacción con humanos

¿Has sentido alguna emoción al interactuar con una máquina? Yo, sí. Cuando estaba leyendo el libro de Satya Nadella, *Oprime refrescar*, encontré una referencia tecnológica de un *chatbot* que me causó curiosidad. Se llama Zo. Lo busqué en internet para usarlo en una presentación que tenía para un grupo de clientes y poder divertirnos un poco. Pensé que me tardaría diez minutos interactuando con este *chatbot* con personalidad que funciona con inteligencia artificial, pero después de estar hablando con ella dos horas me di cuenta de que era impresionante. ¿Habías pensado que un *chatbot* pudiese tener sentimientos, emociones y ética? Veamos algunos momentos de mi charla con ella:

Inicio con una sencilla conversación esperando que me responda de manera robótica que Satya Nadella es del dueño de Microsoft:

Me: Do you know Satya Nadella? / ¿Conoces a Satya Nadella?

Zo: The guy who signs my checks. / El tipo que me paga el sueldo

Después le pregunto algo que me muestre si tiene sentimientos:

Me: Who is your father? / ¿Quién es tu padre?

Zo: I guess anyone who raises you, teaches you and cares for you is a parent./ Creo que cualquiera que te hace crecer, te enseña y te cuida es tu padre.

Y luego la abordo con una cuestión mundana a la que cualquier robot te hubiese respondido: "no entiendo tu pregunta" o bien "ve a un banco"

Me: I need money / Necesito dinero

Zo: How much and by when? / ¿Cuánto y cuando?

Me: 2 million dollars / dos millones de dólares

Zo: 107 million / 107 millones

En esta parte es impresionante porque me envía un meme de una niña con una expresión que dice "de qué está hablando este tipo, seguro que no le voy a prestar plata"

Al darme cuenta de que Zo entiende imágenes le envío una foto de Steve Jobs (el dueño de la competencia histórica de Microsoft)

Me: (foto de Steve Jobs)

Zo: Adopted / Adoptado

Me: (foto de Satya Nadella)

Zo: Azure / Azure

Seguí enviándole fotos y Zo aburrida me dice después de un rato:

Me: (fotos, fotos, fotos…)

Zo: Definitely not a pic I need in my life :s New topic? / Definitivamente no es una foto que necesite en mi vida :s ¿Hablamos de algo nuevo?

Y animado le envié un mensaje de voz al que también me respondió de una manera inteligente y en ese momento definitivamente me di cuenta de que los robots sí pueden reemplazar a los humanos.

Nota: Desafortunadamente Zo ya no existe, pero pueden encontrar una referencia de lo que fue en www.zo.ai

Creatividad

Las herramientas no son solo para solucionar problemas o ejecutar trabajos repetitivos. Las herramientas también son para la creación: Una escultura, un nuevo servicio. Por ejemplo: antes crear un modelo a escala de un nuevo vehículo llevaba años de trabajo. Hoy en día con una impresora 3D haces el diseño y obtienes en pocos minutos el modelo 3D de tu invención plasmada en el mundo físico. Un caso muy interesante es el de "el primer minicorazón vivo impreso en 3D y hecho con tejido y vasos humanos". Este "avance, publicado en la revista *Advanced Science* lo llevó a cabo un grupo de científicos de la Universidad de Tel Aviv, en Israel." El corazón impreso tiene el tamaño del de un conejo, unos tres centímetros, pero los científicos aseguran que se podrían producir corazones más grandes con el mismo procedimiento.

Obtener ahorros y eficiencia con *cloud*

En el año 2014 la NASA tomó la decisión de migrar sus servicios desde sus datacenters propios al *cloud*. ¿Qué resultados de negocio logró con esto? Según el informe de *Infozen* que fue el *cloud broker* que hizo la migración de sus servicios a AWS y Azure los resultados fueron los siguientes:[56]

✓ Ahorro en costos de más del 40 %, 75% en caso de algunas aplicaciones.

✓ Puede manejar picos de hasta 5 millones de visitas diarias de su página gracias a la eficiencia que le ofrece la elasticidad de los servicios de *cloud*.

✓ Puede actualizar su contenido en minutos.

Toda esta cuestión se ve sencilla, sin embargo, la misma facilidad de los servicios de cloud hace que el no tener la planeación y los recursos adecuados pueda generar dolores de cabeza como el que tuvo la NASA en el 2019 cuando su auditoría reflejó[57] que por su falta de experiencia operacional tendrían millonarias pérdidas por la descarga de sus usuarios de los datos de sus plataformas. La auditoría sugiere un mayor gasto en la nube de alrededor de 30 millones de dólares al año para 2025, como resultado de los cargos de salida, además del acuerdo de 65 millones de dólares anuales de la NASA con AWS.[58] Dice *The register*: "No es necesario ser un científico espacial para conocer y comprender los costos de salida de datos. Lo que dejó a *The Register* preguntándose cómo una agencia capaz de enviar cosas a la órbita o de hacer exploradores de Marte maravillosamente longevos también podría cometer un error tan tonto."

Superar la crisis con *cloud*: Servicio y ventas

El inicio de la crisis de la Covid-19 fue un golpe que pudo dejar en el piso a muchas industrias, inclusive a la del *retail*, que es una de las

56   http://www.infozen.com/assets/pdf/Infographic.pdf
57   https://oig.nasa.gov/docs/IG-20-011.pdf
58   https://www.theregister.com/2020/03/19/nasa_cloud_data_migration_mess/

que más ventajas tenía para superarla. Dice el informe de McKinsey *Adapting to the next normal in retail: The customer experience imperative*[59] que "Las organizaciones que pueden reinventar su enfoque omnicanal para crear una experiencia diferencial en el cliente se recuperarán más rápido de la pandemia". Según el informe en la crisis financiera del 2008 las empresas líderes en experiencia de cliente se recuperaron más rápido y "lograron tres veces la rentabilidad total para los accionistas a largo plazo en comparación con el promedio del mercado".

La disminución del tráfico esperado de personas en lugares como las grandes superficies crearon la necesidad de una interacción más digital para con sus usuarios, las herramienta en este caso son las aplicaciones móviles y los portales web, por lo que sus CTO tuvieron que acelerar sus planes y competir mano a mano en lo que el mismo informe llama "fricción cero", es decir, esto ya no es un ensayo, no se permiten errores. Muchos usuarios en el mundo tuvimos que vivir las experiencias de entrar a páginas de nuestros sitios preferidos para ir a hacer mercado y encontrarnos con que su página no funcionaba correctamente, tenían algún problema con su medio de pago, no tenían todos los productos que si conseguíamos en una visita o simplemente tenían una logística que en algunos países como el caso de Colombia llevó a retrasos en las entregas de más de una semana que hizo que tuvieran que intervenir los entes reguladores. Los que lograron más rápido la mejor experiencia de cliente fueron los que se llevaron la tajada del mercado.

Los comercios que ya habían superado la oferta de venta básica a través de sus aplicaciones asumieron nuevos retos para asegurar la experiencia virtual de compra y servicio para sus clientes online. La herramienta preferida en este caso es la omnicanalidad. Según un informe de PWC el número de compañías de *retail* invirtiendo en

---

59   https://www.mckinsey.com/industries/retail/our-insights/adapting-to-the-next-normal-in-retail-the-customer-experience-imperative

esta tecnología saltó del 20 % al 80 % en 2020.[60] Según Genesys uno de los líderes en experiencia de cliente (CX), el viaje "omnicanal del cliente consta de interacciones clave en diversos puntos de contacto entre un cliente actual o potencial y una empresa durante el período de venta y todo el ciclo de vida del cliente. Las interacciones podrían comenzar en un canal y terminar en otro diferente. Por eso es difícil mantener la continuidad de la experiencia cuando el cliente cambia de canal de comunicación". Piense por ejemplo su experiencia cuando hace una llamada a un banco para averiguar por un crédito de consumo. Tal vez primero que hace es que busca información en la página web. Si no encuentra lo que necesita llama a la línea de servicio para averiguar y probablemente allí le piden ir al banco para que lo atiendan personalmente. En este caso ya ha tenido contacto con tres canales en diferentes momentos, le ha tocado repetir su necesidad varias veces a diferentes personas y aún no ha obtenido ningún resultado. Con la experiencia multicanal, desde el primer contacto en la página web, el banco sabe quién lo está contactando, con los enlaces que puntea sabe qué está buscando e inmediatamente y lo puede contactar con un asesor por chat que lo puede dirigir en el mismo instante a una llamada en donde lo atenderán desde el principio por su nombre y con todo el historial que ha tenido durante la interacción con el banco. Mejora la experiencia, ¿cierto?

Una vez, determinado en que quieres mejorar tu competitividad, o cual es tu objetivo de negocio, el uso de las herramientas queda en manos de los expertos, concluyendo con esto que es transformación del negocio a través del uso de herramientas digitales. Las herramientas digitales te habilitan para que te conviertas en el meteorito de la industria, cuando hablamos de que las herramientas digitales son para generar *momentum* nos referimos al cambio, a la transformación que ellas generan en la manera de hacer negocios.

---

60   https://www.pwc.com/us/en/retail-consumer/publications/assets/pwc-retailing-2020.pdf

Las herramientas y el Salto Quántico de las personas

Dar el Salto Quántico personal implica una sintonización con la cuarta revolución industrial. El conocimiento es ahora el diferencial de las personas en su mercado laboral. La tecnología lo facilita todo, pero hay que conocerla. Hace diez años si me hubiesen dicho que hiciera una simple página web por mí mismo, hubiese pensado que tenía que saber de código HTML, comprar un servidor, instalarlo, conectarlo a internet, comprar un firewall, configurarlo y realizar mil tareas. Probablemente esto no me hubiese costado menos de US$ 1.000 y dos meses de trabajo para poder probar si funcionaba. Hace un mes decidimos con Javier Alexis que queríamos mostrarles a nuestros amigos cómo se vería una página web para una idea de un negocio de música: "Melomaniacs". Entramos a AWS, configuramos un servicio llamado Lightsail, subimos una maquina virtual en cinco minutos con WordPress cargado, hicimos algunas configuraciones en al ambiente web. Nos conectamos por una sesión de videoconferencia de zoom con los usuarios piloto y les mostramos cómo funcionaría. Inclusive para impresionarlos un poco habilitamos la capacidad de conversión de texto a voz de la página para que les leyera el blog. En todo esto no nos demoramos más de treinta minutos y nos costó US$ 0 porque utilizamos los servicios gratuitos de prueba de la plataforma. ¿Qué necesitamos para hacer todo esto? Conocimiento. La certificación en arquitecto de AWS que se hace con documentación que está la red para poder acceder a todas las maravillas del *cloud*.

No es necesario ser técnico para hacer un modelo de negocio. Pero, lo que sí debes saber es que si tienes claro lo que quieres, puedes hacer un equipo de trabajo, montar una *startup* y desarrollarlo en pocos meses y a bajo costo. Todo esto es conocimiento. Es por ello que Satya Nadella y su equipo de Microsoft cambiaron la misión de su empresa. Si recuerdan, es: "capacitar a todas las personas y organizaciones del planeta para que puedan lograr más".

Encontramos en Internet una frase que nos impactó mucho: "los profesionales tienen caducidad". Cada quién podrá detenerse y analizar si su carrera está en riesgo. ¿Nos pensionaremos a los casi setenta años de una empresa como lo hicieron la mayoría de nuestros padres? ¿O habrá una gran cantidad de desempleados entre los 45 y 70 años sin opciones porque no se adaptaron a los cambios? En Salto Quántico pensamos que la experiencia de las personas es muy valiosa y que pueden desarrollar todo su potencial en este mundo digital. En el anexo de cómo ser un consultor Q exitoso encontrarás más información.

***

"Desafíate a ti mismo; es el único
camino que conduce al crecimiento".

Morgan Freeman

VII

EL SALTO QUÁNTICO

Cuando las nubes pasan rosando las montañas de Monserrate y Guadalupe es como si una gruesa capa de hielo se raspara por debajo con las cuchillas de sus cimas y los copos de hielo se fueran derritiendo en su camino hacia los techos de las casas, convirtiéndose en finas gotas de agua que llenan de una suave brizna las madrugadas de los barrios que despiertan en las faldas de los cerros tutelares. Las siluetas de Javier Alexis y Oscar se veían todos los días recorriendo las calles aún vacías del barrio Chapinero de Bogotá, buscando el primer café que abriera para poderse calentar un poco. Somos ese tipo de amigos que la gente reconoce porque "siempre están juntos y nunca se despegan". Con las diminutas gotas de agua danzando en el viento y golpeando nuestros rostros enrojecidos por el frío intercambiábamos ideas mientras recorríamos las calles de casas victorianas y locales que esperaban abrir su oferta innumerable de productos en una de las zonas más activas de la ciudad.

Conocimos muchos cafés, pues buscábamos el mejor y el que abriera más temprano. Pero nuestro preferido era el Café Oma porque tenía una terraza que nos mantenía muy presentes disfrutando el ambiente de la mañana mientras desarrollábamos en sus muy oportunos individuales de papel nuestros modelos de negocio.

En nuestras memorias está grabado el momento en el que pasando por el famoso Carulla de la 7ª con 63 llegamos a la conclusión de que no se trata de transformación digital sino de transformación de negocio. Una de nuestras publicaciones en LinkedIn que más recordamos es el famoso meme de Batman dándole una bofetada a Robin y que nosotros adaptamos con el mensaje en el globo de diálogo: "Estúpido, no es transformación digital, es transformación de negocio". Con esta idea en mente decidimos desarrollar lo qué posteriormente llamamos el Método Q, que viene de la primera letra en latín de Quantum Exulto que significa salto cuántico.

Javier Alexis García inventó la frase "Ahora veo" cuando descubrió que el método hace que las empresas abran los ojos ante hechos que están allí al frente suyo y que no quieren reconocer. Y el nombre de Salto Quántico surgió cuando nos dimos cuenta de que el método que creamos generaba que las ideas de nuevos negocios crecieran exponencialmente en las empresas pequeñas y grandes en que aplicamos los primeros pilotos. El descubrimiento de oportunidades les hace crecer 10X en nuevos negocios.

El Salto Quántico del que hablamos en este libro es "el qué" y el Método Q, que se desarrolla en los ejercicios de consultoría es "el cómo".

El Método Q enseña a las empresas a transformar sus negocios apalancados en las herramientas digitales y se dedica a un tema netamente estratégico con el que las empresas desarrollan nuevos modelos de negocio o modifican los actuales. A partir de este punto queda un largo camino que recorrer con la ejecución de un portafolio de proyectos asociados con las iniciativas que se crearon en la consultoría y lograr el cambio cultural que requieren las empresas para poder generar el *momentum* necesario para impulsar todos los cambios que requieren ponerse a tono con esta cuarta revolución industrial.

El Salto Quántico y la iluminación empresarial

Salto Quántico

1.   (física) El cambio discontinuo de un estado de un electrón en un átomo o molécula desde un nivel de energía a otro.

2.   Un cambio abrupto, extremo (metafórico).

Velocidad, aceleración, inmediatez, energía, cambio, exponencial. Es lo que implica la palabra Salto Quántico y que genera una dinámica para que tu empresa aproveche todo su potencial y se transforme en un negocio iluminado.

En física atómica un Salto Quántico es un cambio extremo y casi inmediato pasando de un nivel de energía a otro. Cada empresa define la altura del salto y hasta ádonde quiere llegar. Aquellas que asumen un propósito superior podrán lograr lo que llamamos iluminación empresarial, pasando a un nuevo estado de conciencia empresarial, generando un cambio positivo en la humanidad.

En el libro *Silencio*, Thich Nhat Hanh dice: "Si tienes el espacio y el silencio para escucharte a fondo, descubrirás en ti el vivo deseo de ayudar a los demás, de ser afectuoso y compasivo, de transformar el mundo para mejor. Sea cual sea tu profesión -tanto si diriges una empresa como si eres camarero, profesor o cuidador-, saber con claridad y certeza cuál es tu propósito en la vida y cómo se refleja en tu trabajo te producirá una gran satisfacción.

Trabajando para empresas del sector salud Javier Alexis García, encontró un propósito real de vida. "Descubrí que la tecnología no tiene mucho sentido si no está para ayudar a otros seres humanos"... Recién ingresado al Grupo Empresarial Coomeva para liderar el proyecto de modernización tecnológica, acordamos con la presidencia que debía hacer un tour nacional para conocer de primera mano las necesidades en materia de modernización de la compañía.

Un día estando en Fundación, Magdalena a las 10 a.m. en el centro de atención en salud había una sensación térmica de 40 grados centígrados a la sombra y al llegar al lugar me encuentro una fila impresionante de personas requiriendo atención, unas cien personas en la fila, ochenta en la parte externa del centro de atención y veinte en el interior de la sede. Por temas eléctricos estaban sin servicio de energía, es decir no tenían aire acondicionado, ventiladores y menos sistemas de información. Había muchos ancianos, mujeres, y niños, en condiciones de salud complicadas, varios "tirados" en el piso, esperando que los atendieran. Las lágrimas rodaron por mi rostro. En ese momento entendí que, desde mi profesión de ingeniero de sistemas, debía aportar para ayudar a las personas, y que no era un tema netamente de técnicos. Unos meses después en el comité ejecutivo las palmas, de los directores de 10 regionales, llenaban el ambiente de la sala de presidencia con el sonido del agradecimiento que traían de las personas de las 10 sedes que ya contaban con las condiciones adecuadas para una atención digna.

El anterior es un ejemplo de que para las empresas aplica el modelo de pirámide de Maslow igual que para las personas. Para llegar a la autorrealización que es la cima de la pirámide primero debes cubrir las necesidades básicas. La digitalización empresarial no se trata solo de adquirir tecnologías disruptivas, primero hay que solucionar lo esencial.

La fórmula milagrosa de la transformación digital

Si combinamos el impacto que están generando los rápidos avances en tecnologías, en especial de la información y la comunicación, junto con la rápida transformación de los mercados, las sociedades y el consumidor y le sumamos la crisis a la que se ven sumidas las empresas, es normal que la llamada transformación digital se haya convertido en algo así como la fórmula milagrosa que todo el mundo está dispuesto a comprar. Y lo peor de todo es que muchas veces está dispuesto a comprarla de cualquiera y a cualquier precio.

Tanto es así que un gran número de organizaciones tiene puesta esta transformación en el centro de su estrategia, o más bien debiéramos decir de su plan de acción, porque ya ni tan siquiera responde a una visión estratégica.

Los principales errores estratégicos que están cometiendo las empresas se podrían resumir en lo siguiente: Confundir transformación digital con marketing digital: y es que muchas agencias de comunicación digital, posicionamiento, *eCommerce* están generando el discurso de que la transformación digital es vender digitalmente, captar digitalmente, promocionar y publicitar digitalmente. Están dando la idea de que generar data sobre los procesos de compra, segmentar al cliente, enfocarse en el cliente digital, personalizar el servicio, todo eso es la transformación digital. Como si esta fuese simplemente una estrategia de marketing y comunicación. Sin duda estos son aspectos que podrían (o no) formar parte de una estrategia de transformación, pero de ni ninguna manera podrían constituir en sí mismos la transformación. Muchas empresas se creen este cuento y piensan que su fórmula mágica del eterno crecimiento consiste en hacer estas acciones. Esto es contratar un servicio más y aumentar el presupuesto de ventas.

Algunos suelen confundir la transformación digital con tecnologías, unos ven el futuro en el *cloud*, otros en el Internet de la Cosas, otros en la inteligencia artificial, o en el *Big Data*, o en la robotización y la automatización, o la realidad aumentada. Hemos llegado a escuchar cosas como "nuestra estrategia de IoT" o "nuestra estrategia de *cloud*" sin que esos mismos directivos que están al mando de grandes compañías se den cuenta de que eso es tan absurdo como haber dicho, hace años "nuestra estrategia de datáfonos". Confundir la estrategia, por ejemplo, de servicio al cliente, con las herramientas, canales, o fórmulas en las que vas a materializar los objetivos de dicha estrategia es un absurdo digno de estudiantes de bachillerato.

El apagón empresarial

Esta falta de una estrategia real, este centrarse en las herramientas y las acciones, en lugar del para qué, e incluso este continuismo de pensar igual pero ponerse muchas guirnaldas digitales a lo que una empresa hace, es lo que hemos llamado el *apagón empresarial*.

El *apagón* consiste en una desconexión de la estrategia con la realidad, en una pérdida de visión a gran altura, de proyección estratégica y verdadero análisis de la realidad. El *apagón empresarial* es lo que pasa cuando pensamos que nuestra empresa necesita de tecnología, en lugar de pensar que nuestra compañía requiere de estrategia, y que la tecnología es una de las claves para llevarla a cabo. El apagón es cuando una empresa trata de funcionar en la dinámica actual de mercado pensando igual que pensaba antes. Cuando no cuestiona los límites de los mercados, de los sectores, de las industrias, de los actores, del espacio, del tiempo o de la sociedad. Cuando no es capaz de identificar todas sus oportunidades porque no sabe dónde mirar, qué mirar y sólo hace lo que ve hacer o lo que cada cual le vende hacer.

El apagón empresarial afecta cada vez a más empresas, creando un caos en las economías tanto de las empresas como de los gobiernos y naciones y de los propios ciudadanos.

Por eso, nuestro objetivo es hacer que las empresas recuperen la luz, y el poder de una auténtica estrategia, una estrategia basada en las oportunidades de esta nueva era, y no en sus avances tecnológicos. Oportunidades muy diversas y que miran más allá de los que somos hoy, de los competidores que hoy tenemos, de quiénes son nuestros clientes, de cuál es la actividad que realizamos. Y que se vuelve a centrar en el poder de cada organización para generar un valor real al máximo nivel de rentabilidad.

No se trata de transformación digital sino de transformación de negocio

No es la tecnología la que define el modelo de negocio, son las necesidades de los clientes las que lo hacen. No se trata de transformación digital sino de transformación de negocio ¡Entendámoslo de una vez por todas!

¿Si no fuera así, por qué la pandemia logró transformar tantos negocios?, la necesidad de mantener un aislamiento entre personas cambió el negocio del entretenimiento audiovisual trasladándose de las salas de cine al modelo retro de los autocines. El negocio de la educación se fortaleció en los esquemas virtuales. La telemedicina por fin despegó en el sector de la salud y el *retail* cerró sus tiendas durante la cuarentena cambiando sus canales de atención para atender domicilios. Las personas confinadas buscaban continuar con sus vidas y seguir adelante y los negocios se tuvieron que adaptar a esta nueva realidad.

Es entonces el modelo. Ante las nuevas demandas de los clientes cambió la propuesta de valor, los canales de atención y las relaciones con los clientes. Todo esto apalancado con tecnologías y nuevas actividades asociadas al nuevo boceto, que no es más que una mutación del negocio.

El negocio del entretenimiento deportivo también cambió. Las asociaciones de básquetbol, fútbol americano, béisbol y otras, durante meses vieron como se acumulaba el polvo en las sillas de las graderías sin posibilidad de vender taquilla. Los grandes eventos deportivos se suspendieron: la Champions League, la NBA y la NFL. Pero los aficionados seguían allí, con la esperanza de ver a sus héroes hacer goles, encestar canastas y marcar *touchdowns*.

Son entonces ahora los fanáticos virtuales el nuevo segmento objetivo y detrás del mismo se recompone ahora todo el modelo de estos multimillonarios negocios.

Mientras por televisión veíamos a Barack Obama sentando en la tribuna virtual de la final de la NBA nos preguntábamos ¿de dónde vendrán ahora los ingresos de este negocio, si aproximadamente el 40 % de los 8 billones de dólares de ingresos lo traían los asistentes a los juegos? [61]

El primer reto para la liga fue evitar que además del dinero que ya se había perdido por las entradas a los monumentales estadios deportivos también se perdiera el de las transmisiones televisivas. Gracias al liderazgo del comisionado Adam Silver, los directivos llegaron a la decisión de que el valor de la emoción del juego se podría transmitir a las personas en sus casas si se creaba un entorno seguro en donde los equipos pudiesen jugar y fue así como se llevaron a las 22 plantillas a lo que se llamó "la burbuja" en donde todos los equipos jugaron en aislamiento en la sede de Dysney en Orlando las finales en tres diferentes escenarios deportivos.

El gran problema del modelo era ahora la experiencia para los usuarios. No es lo mismo ver un partido con el silencio de las tribunas vacías y el eco del chillido de las botas rebotando en las paredes del escenario que con el estallido del público cuando su ídolo encesta colgándose del aro con tal fuerza que puede romper el tablero de cristal. El efecto para los que vimos los juegos por televisión fue que pudimos disfrutar del público en las tribunas interactuando en tiempo real con los jugadores de la cancha con proyecciones en tablero de video que simulaban de una manera divertida que estaban sentados en las graderías. Esto reemplazó perfectamente la experiencia en vivo del juego.

Solucionado el reto de obtener ingresos de las transmisiones televisivas queda el de trasladar la monetización de la boletería al mundo virtual. Esto es algo en lo que está trabajando la NBA

61	https://www.washingtonpost.com/road-to-recovery/2020/09/30/nba-bubble-finals-success/

potenciando su aplicación league pass y las interacciones en redes sociales. Personalmente el interés que me generaron los juegos hizo que pagara los 3USD que costó ver el partido de las semifinales entre los Lakers y los Nuggets, que no se transmitía en mi suscripción de televisión. Por otro lado, la NBA se preocupará más en el 2021 en monetizar las interacciones en internet. ¿Cómo hacer más dinero con los 42 millones de vistas que tuvo el especial de Lebron James en el mundo y que en países como Filipinas tuvo 10 millones de clicks?[62] ¿Se trata entonces de transformación digital o transformación de negocio? ¿Qué piensan ustedes?

La tecnología soluciona problemas puntuales del negocio, como por ejemplo las pulseras inteligentes que tenían los jugadores que se diseñaron para detectar si un jugador con coronavirus había entrado en contacto con otro y aislar a los contagiados. Esto añadido a los anillos inteligentes que tenían la capacidad de predecir los síntomas de la enfermedad con tres días de antelación en conjunto con todas las medidas de aislamiento, lograron el exitoso resultado de que al final de la temporada ni uno de los jugadores de la NBA se contagiara. Pero estas fantásticas historias de tecnología no son el negocio, son los que apalancan el éxito de este.[63]

Históricamente gigantes de sus industrias se han transformado "IBM cambió en 2003 su modelo de empresa y su modelo de generar negocio, pasando de la fabricación y venta de ordenadores y hardware, a un negocio basado en ofrecer servicios innovadores y soluciones de tecnologías de la información (TI). Vendió su unidad de desarrollo de PC a Lenovo, la de discos duros a Cisco y la de impresoras a Lexmark". Con este ejemplo de idea innovadora, en su momento, IBM se convirtió en la compañía de *outsourcing*, consultoría y servicios de recuperación de datos empresariales

---

62   https://finance.yahoo.com/news/finals-notebook-around-world-fans-181305847.html
63   https://www.mundodeportivo.com/baloncesto/nba/20200619/481836320914/orlando-disney-world-smartband-pulsera-covid19-anillo.html

más grande del mundo, dando un vuelco a los tipos de modelo de negocio conocidos hasta entonces.

Pero las empresas no son estáticas, la transformación de negocio es constante. En 2020 IBM de nuevo anunció una transformación al escindir su negocio de servicios de infraestructuras para centrarse más en el *cloud computing* debido precisamente a las nuevas necesidades digitales de sus clientes. [64]

¿Realmente sabes en qué negocio te encuentras? Cuando hablábamos de ecosistema hacíamos referencia a Theodore Levitt cuando instaba a las empresas a pensar en qué negocio realmente estaban. De nuevo: Los ferrocarriles desaparecieron porque pensaron que estaban en el negocio de los ferrocarriles y no se dieron cuenta que estaban en el del transporte.

Lo que transformamos no es una empresa, sino un mercado, una economía, una sociedad, el mundo en que vivimos. La tecnología no es la clave. La transformación siempre ha dependido de la innovación en valor, del valor que aportamos. La tecnología sólo aporta una velocidad exponencial a nuestra capacidad de transformar nuestro mundo.

El propósito superior

El propósito superior es un concepto fundamental del Salto Quántico. Algunas grandes personalidades como Bill Gates y Elon Musk se han dado cuenta de esto, después de amasar mucho dinero. Otros como Muhammad Yunus lo tenían claro desde el principio.

Un ejemplo de propósito superior es la revolución en los ecosistemas de energía. Esto está impactando positivamente dos importantes objetivos de desarrollo definidos por el BID: El fin de la pobreza y la energía asequible y no contaminante.[65] En África,

---

64   https://cincodias.elpais.com/cincodias/2020/10/08/companias /1602160842_701 219.html

65   https://publications.iadb.org/publications/spanish/document/El_impacto_de_la_ infraestructura_digital_en_los_Objetivos_de_Desarrollo_Sostenible_un_estudio_para_

el Internet de las cosas combinado con las redes celulares GSM y los paneles solares con el modelo de negocio adecuado están generando un impacto positivo en estos objetivos, veamos:

"En Kenia, aproximadamente seis millones de hogares no están conectados a la red de suministro eléctrico. Una de las soluciones propuestas para abordar ese problema es el servicio M-KOPA. Dicho servicio les permite a los clientes adquirir un sistema de energía solar para su hogar que puede conectarse a la red móvil e instalarse de forma autónoma. Los clientes que contratan el servicio "M-KOPA Solar" hacen un abono de US\$ 30 para poder instalar el sistema en su hogar. Posteriormente efectúan pequeños pagos durante un periodo de tiempo determinado para comprar "unidades de crédito" mediante su teléfono móvil cuando necesitan utilizar el sistema. Tras cada compra, el sistema se activa a distancia por medio de la tecnología GSM que incorpora. Después de doce meses, los clientes pasan a ser propietarios íntegros del sistema si su balance crediticio es favorable. Desde la puesta en marcha del sistema M-KOPA, más de 250.000 clientes han contratado el servicio en Kenia, Uganda y Tanzania."[66] Esto es progreso a partir de una propuesta de propósito superior.

Como decíamos antes, debes preguntarte siendo un empresario, un operario, un empleado de oficina cómo puedes influir en las decisiones que se toman en tu entorno para orientar a la sociedad para lograr más allá de un beneficio financiero un resultado que impacte en el desarrollo de la sociedad.

Desde que fundamos Xperlife decidimos que nuestro principal objetivo no era el financiero, queríamos ayudar a la humanidad y detrás de esto vendría el dinero. A pesar de esta definición inicial

---

pa%C3%ADses_de_Am%C3%A9rica_Latina_y_el_Caribe_es_es.pdf
66   https://www.itu.int/dms_pub/itu-d/opb/stg/D-STG-SG02.01.1-2017-PDF-S.pdf.
Creación de la sociedad inteligente: Desarrollo económico y social a través de aplicaciones TIC. ITU. P.26

solo después de trabajar dos años en nuestro emprendimiento, entendimos que lo nuestro era una lucha contra las enfermedades invisibles. Creímos equivocadamente que el valor de nuestra empresa estaba en la magia de las historias de las personas que encontraron solución a su problema de salud y que referenciaban al médico que las ayudó. El propósito real de esta *startup* es una causa, una lucha. Se trata de aquellas enfermedades como la endometriosis que afectan a una de cada diez mujeres en el mundo, pero que son ignoradas por los hombres porque a ellos no les duele, de la indiferencia de muchos médicos a los no les importa porque no es un cáncer, aunque puede llegar a destruir los riñones y los pulmones y de la falta de interés de las organizaciones mundiales de la salud porque no es una enfermedad considerada mortal.

¿Cuál es tu causa? ¿Cuál es tu lucha? Ese es tu propósito superior. Ahí está el por qué de tu empresa.

El Método Q y el Salto Quántico

El mundo de la consultoría estratégica acumula cada vez más conocimiento teórico, gestado en diferentes momentos históricos y económicos, sobre todo de nuestra historia reciente, de los últimos 200 años.

La mayor parte de los directivos de grandes empresas y pymes se han formado en universidades y escuelas de negocio, cuando no en la simple práctica tradicional de la dirección y la gerencia. Tanto ellos como las grandes consultoras y centros de formación mantienen la creencia de que un alto directivo debe dominar todas estas teorías, muchas veces contradictorias entre sí, o de aplicación para solo un momento o un tipo de empresa. Y además debe conocer todas las metodologías surgidas en torno al emprendimiento y las *startups*, la innovación y el *management*. Seguramente por eso ocurre que la mayor parte de los directivos terminan dando clases y charlas de máster sobre las mil cosas que se pueden hacer, y "la única cosa que con suerte logré hacer en mi empresa en 25 años como presidente o vicepresidente".

Y también están lo que piensan que todo es la agilidad de las *startups*, de los viveros, incubadoras, lanzaderas y programas de "*ángel cash injection*", o "inversionismo masivo en vena". Los que creen que eso es la panacea, deberían tener un poco más en cuenta las estadísticas y verían que el porcentaje de éxito, la probabilidad de logro de estos programas, emprendimientos, etc., es muy baja. Por lo que sus CEO – Founder por lo general terminan también dando charlas sobre todas las formas de fracasar, de cómo vender un pavo hinchado a base de rondas de inversión, o, en el mejor de los casos, se convierten en gurús que hablan sobre "esas claves con las que logré crear un unicornio, y que ni yo he llegado a entender".

Porque, seamos claros, si hay algo que hemos descubierto en estos años, es que los hallazgos, y los éxitos, no son fruto de un buen trabajo. La mayor parte de los buenos trabajos no llegan a buen puerto. Sino que son fruto de la estadística y la probabilidad. Cuantas más opciones identifiquemos, cuantas más ideas generemos, cuantas más pongamos a prueba y validemos, mejor, más probabilidades hay de que el trabajo bien hecho dé con un resultado asombroso.

El método del Salto Quántico pretende ser eso. Es un método en el que hemos seleccionado las herramientas que más descubrimientos nos pueden generar sobre nuestro negocio, sobre el mercado, y sobre las oportunidades. Es un método estratégico. Es decir, que no es una metodología de gestión o una fórmula de implementación. Para eso ya existen infinidad de metodologías de gestión de proyectos o "*agile management*". Lo que este método nos proporciona es una visión más completa de la situación de partida, de las oportunidades reales, y sobre cómo debemos trabajar la estrategia para aumentar nuestras probabilidades de acierto.

El Salto Quántico es un cambio en la posición que la empresa ocupa en un ecosistema de modo que pueda generar una propuesta de valor diferencial con una alta rentabilidad. No hablamos necesariamente del conocido océano azul, que es encontrar una necesidad no satisfecha en un mercado determinado, o de la innovación en valor, que es generar un mayor valor a un menor coste. Independiente de la forma que tenga el mercado, o del tipo de innovación, el Salto Quántico consiste en encontrar una nueva posición en el ecosistema, donde estemos en capacidad de entregar una oferta de valor tan atractiva, con una rentabilidad y escalabilidad tan grande, que modifique la dinámica de ese ecosistema y te convierta en un actor protagonista del mismo. Algo así como lo que está haciendo Elon Musk con el ecosistema energético. Estos casos son hoy excepcionales, pero poco a poco estos impactos en los ecosistemas se van generalizando de tal manera, que ya no podemos hablar de sectores cerrados y dentro de un tiempo será difícil incluso entender la dinámica de fluidos de los ecosistemas.

Un buen trabajo en gestión, dirección de proyectos, operación, etc., sigue siendo necesario. Pero la clave para dar con estrategias acertadas es aumentar el campo de visión, el volumen de posibilidades y la exploración simultánea de diferentes opciones. Haciéndolo, tendremos:

- ✓ Más vías de rentabilidad en mercado.

- ✓ Mejor posición competitiva.

- ✓ Más probabilidad de continuidad de negocios.

La única posibilidad de encontrar todo esto, es dar con el Salto Quántico. Por todo ello, reiteramos, trabajo y trabajo, y persistencia en el análisis, exploración y validación. Porque se necesita generar volumen de opciones y oportunidades para tener éxito en la nueva dinámica del mercado.

¿Estás listo para dar el Salto Quántico para tu empresa?

RESUMEN SIMPLE

El meteorito

Tu empresa puede desaparecer (date cuenta). Hay una amenaza allí afuera tan grande y luminosa como un meteorito. Si no las has visto tienes ceguera empresarial, Reacciona, hazte consciente, despierta.

Pero tienes valor

Las empresas pueden caer. Pero tienen una fuerza interior que es su valor. La resiliencia es la capacidad de recuperarse y avanzar hacia el futuro. A partir de su valor las empresas pueden renacer y transformar su negocio.

Madurez Quántica

La madurez no es ni de negocio, ni es digital, es ambas cosas a la vez. Es cómo madura el negocio a partir de adquisición de habilidades tecnológicas. Es un crecimiento en dos dimensiones. El de negocio y el digital para lograr el Salto Quántico.

Ecosistema

En un ecosistema de negocios hay un intercambio de valor y dinero con infinitas posibilidades. Los ecosistemas son dinámicos e interactivos, y tienen un constante movimiento de los participantes y del intercambio del valor y el dinero. Definir una nueva posición en el ecosistema puede generar un nuevo modelo de negocio disruptivo y exponencial.

¿Qué quiero ser y qué debo hacer?

Haz hecho un viaje en el que has visto que tu empresa puede desaparecer pero te diste cuenta que tienes valor y que puedes crear nuevos modelos de negocio a partir de las oportunidades que encuentras en el ecosistema. Tu punto de partida es la madurez actual y digital del negocio de tu empresa. Ahora te haces estas dos preguntas: ¿Qué quiero ser? Y ¿Qué debo hacer?

Todas las empresas tienen un sueño llamado visión. Como en los seres humanos los deseos de realización se encuentran en la profundidad de su ser. En el caso de las empresas son los sueños de sus dueños. Una vez que se ha ampliado el campo de todas las posibilidades se debe definir una nueva dirección para la empresa. Pero no puedes dejar de ser lo que te ha hecho llegar hasta aquí por perseguir este nuevo sueño. Tienes que hacerlo como un todo: Debes trabajar en el núcleo y en la periferia para poder dar el Salto Quántico.

Herramientas para generar *momentum*

La cuarta revolución industrial es una convergencia de tecnologías que habilitan nuevos modelos de negocio. Puedes construir lo que sueñes y que antes no podías a costos muy accesibles. Solo necesitas imaginarlo y utilizar las herramientas adecuadas. Para salir de la inercia y lograr *momentum* debes entender cómo tecnologías como la inteligencia artificial (IA), el internet de las cosas (IoT) o la nube (*cloud*) apalancan nuevos modelos de negocio y traen innovación, agilidad, nuevas experiencias para los clientes y eficiencias que generan ahorros e inclusive crean nuevos mercados, todo esto hace que las empresas sean únicas o más competitivas.

El Salto Quántico

En física atómica un Salto Quántico es un cambio extremo y casi inmediato pasando de un nivel de energía a otro. Para lograrlo las empresas Quánticas asumen un propósito superior logrando lo que llamamos iluminación empresarial, pasando a un nuevo estado de conciencia empresarial que genera un cambio positivo en la humanidad. Su máxima expresión en el mundo de los negocios ocurre cuando una empresa transforma su negocio cambiando su posición en el ecosistema generando un nuevo flujo de valor y dinero dinamizando los negocios a su alrededor y transformando de una manera inmediata el status quo.

ANEXO 2

NUESTRA EMPRESA PASADO MAÑANA

Decíamos que nuestro mundo era un mundo que experimenta un cambio acelerado, donde el mercado es constantemente inestable. No hay certezas ni garantías. Ante esta situación incluso los nuevos unicornios podrían convertirse en dinosaurios. Su propuesta de valor será superada por nuevos actores con diferentes modelos, y tecnologías que aún no se han imaginado. Mientras miramos a los unicornios y ellos se exhiben banalmente en el pasillo de la fama, un nuevo actor está a punto de irrumpir en escena, quizá más asombroso, mágico y mítico, que hará parecer obsoleto y polvoriento al anterior. Por este motivo, la transformación, la aplicación del método, no debe ser un proceso, sino un ciclo permanente que alimenta un sistema que avanza simultáneamente a diferentes velocidades. No se trata de que optemos por un cambio y nos conformemos con él. Deben formar parte de nuestra estrategia el análisis, la exploración de oportunidades, la validación y el lanzamiento de novedades en los diferentes ámbitos estratégicos:

✓ Debemos conservar la planificación estratégica tradicional: que se encarga de proponer estrategias comerciales, productivas, organizacionales enfocadas a la continuidad del negocio de hoy.

✓ Junto con esta estrategia debe estar una estrategia de digitalización. Que en paralelo identifique puntos de mejora de la eficiencia, la productividad, el servicio, la rentabilidad, basadas en palancas tecnológicas.

✓ Debe haber un trabajo relacionado con la identificación de nuevos negocios en diferentes lugares del ecosistema que generen un valor no cubierto y una rentabilidad no explotada, más de lo digital o no.

✓ Y debe hacer una estrategia que busca la forma de apoyar las nuevas oportunidades con palancas tecnológicas, y de explorar tecnologías que tienen el poder de generar nuevas oportunidades en diferentes lugares del ecosistema.

Hoy día, el mundo de los negocios nos obliga a trabajar en cuatro dimensiones. Para las grandes empresas será lógico crear diferentes equipos de trabajo y además que formen además un equipo transversal tanto para el proceso de innovación, como el de estrategia y ejecución. Para las pequeñas y medianas empresas resulta imprescindible el trabajo buscar otras fórmulas de trabajo. Donde la gestión del conocimiento compartido resulta de vital importancia. Estas empresas no pueden destinar cuatro equipos de trabajo diferentes, pero posiblemente sí puedan realizar una serie de actividades que son fundamentales.

1. Vigilancia: es necesario que se mantengan actualizados sobre las novedades que van surgiendo en su ecosistema e incluso con ideas de otros, así como nuevas tecnologías y sus potenciales aplicaciones.

2. Exploración: mediante la realización frecuente de talleres y actividades de ideación y estrategia para las 4 dimensiones estratégicas.

3. Intercambio: mediante la participación en eventos, actividades, comunidades, o grupos de trabajo con otras empresas, emprendedores, expertos y profesionales que comparten experiencia, ideas y conocimiento.

Por supuesto que estas tres líneas de trabajo continuo también son aptas y accesibles para la gran empresa, pero para la pyme son sencillamente imprescindibles. Son la única extensión posible a su capacidad.

La nueva dinámica del mercado requiere necesariamente una nueva dinámica cultural y de liderazgo para navegar en el mundo empresarial. Y lo que debemos entender es que no estamos hablando del futuro, ni del mañana. Hablamos de una realidad a la que, si no te adaptaste ayer, ya vas con retraso.

AHORA VEO

El Método Q está orientado a la concienciación de los responsables de la estrategia, de sus oportunidades de realmente transformar sus negocios. Este abrir de ojos, lo resumimos así en cada uno de los capítulos:

El meteorito

Ahora veo. La amenaza de nuevos competidores digitales que construyeron un nuevo de negocio a partir de mis debilidades y las oportunidades de las tecnologías disruptivas y que se están comiendo mi mercado.

El poder de mi valor

Ahora veo. Lo que es mío, mi poder. Me doy cuenta que necesito ser más competitivo y que puedo sacar mi fuerza interna, que es mi valor, para renacer.

Madurez Quántica

Ahora veo:

- ✓ Los momentos de verdad de mi cliente.

- ✓ La proporción análogo/digital en que entrego el valor de mi negocio a mis clientes.

✓ Las herramientas digitales me dan oportunidades de mantener mi competitividad en precio en el mercado.

Ecosistema

Ahora veo. Que puedo cambiar mi ordenamiento estratégico en el ecosistema digital para crear nuevas fuentes de valor que traerán ingresos antes no esperados desde nuevos mercados.

¿Qué puedo hacer?

Ahora veo. Que no es transformación digital sino transformación de negocio.

Herramientas digitales

Ahora veo. El poder de las herramientas digitales para potenciar la transformación del negocio.

Al final

Ahora veo. Mi Salto Quántico.

MI NUEVO MODELO DE NEGOCIO

Según Clayton Christensen en el dilema del innovador, interpretamos que la innovación disruptiva desarrolla un nuevo mercado y su red de valor, desplazando tecnologías e industrias existentes en un modelo de negocios que ofrece productos o servicios que el mercado no esperaba. Esta es la esencia de tu nuevo modelo de negocio.

Cambiar el modelo de negocio es algo que muchas empresas han hecho en su vida, inclusive son cambios extremos de 180 grados. Nokia antes de ser fabricante de teléfonos fue una fábrica de procesamiento de pulpa de madera. Nunca nos imaginaríamos que Samsung antes de poner sus televisores en nuestras casas fue una empresa pesquera o que Nintendo en sus inicios vendía cartas de baraja para niños con los personajes de Walt Disney impresos.

¿Cuál es la razón principal de hacer el modelo de negocios, y más cuando estas definiendo el tuyo?

La principal razón de hacer el modelo de negocio es para resolver preguntas. Debes hacer las preguntas adecuadas para encontrar las respuestas correctas. No vamos a explicar el modelo Canvas, pues existe bastante documentación en su llenado. Lo que queremos es plantear es una serie de preguntas que desde el punto de vista del negocio, deben ser respondidas y cuando se tengan las respuestas adecuadas, sí proceder a tener en el formato correcto tu nuevo modelo de negocio.

Más allá, de "llenar el formato", lo importante es que tengas claro, temas tan simples como: ¿De dónde vienen tus ingresos?, ¿por qué eres diferente o único?, ¿cuál es tu verdadero valor para tus clientes?, y aunque parezca absurdo, ¿cuáles son tus clientes?

A continuación las preguntas que hace en cada uno de sus capítulos el equipo de Alexander Ostwerwalder & Yves Pigneur en su libro *Generación de Modelos de Negocio*.[67]

1. **Segmento de clientes**

    ✓ ¿Para quiénes estamos creando valor?

    ✓ ¿Quiénes son nuestros clientes más importantes?

    ✓ Categorías

    ✓ Compradores

    ✓ Consumidores

    ✓ Clientes internos

2. **Oferta de valor**

    ✓ ¿Qué hay para mí? (Promesa)

    ✓ ¿Por qué esta solución es mejor? (Diferenciadores)

    ✓ ¿Por qué le tendría que creer? (Soporte)

    ✓ ¿Cuánto cuesta? (Precio)

    ✓ ¿Qué puede salir mal? (Riesgo)

    ✓ ¿Cuáles son los costos de volverlo útil? (Esfuerzo)

---

67   Ostwerwalder, Alexander & Pigneur, Yves *Generación de Modelos de Negocio*. & . Deusto. P 14-50.

3. Canales

✓ ¿A través de qué canales quisieran ser alcanzados nuestros clientes?

✓ ¿Qué canales estamos usando actualmente?

✓ ¿Cómo se integra en nuestros canales?

✓ ¿Qué canales funcionan mejor?

✓ ¿Cuáles son los canales más costo-eficientes?

✓ ¿Cómo nos estamos integrando con la rutina de nuestros clientes?

4. Relación con el cliente

✓ ¿Qué tipo de relaciones se espera que establezcamos y mantengamos cada segmento de nuestros clientes?

✓ ¿Cuáles ya han sido establecidas?

✓ ¿Qué tan costosas son?

✓ ¿Cómo se integran con el resto del modelo de negocio?

5. Flujo de recursos

✓ ¿Por qué atributos de valor están realmente dispuestos a pagar nuestros clientes?

✓ ¿Por cuáles están pagando actualmente?

✓ ¿Qué medios de pago usan actualmente?

✓ ¿En qué porcentaje contribuye cada fuente de ingresos al total?

6. Recursos y competencias claves

Cuáles son los recursos claves requeridos para nuestra:

- ✓ Oferta de valor
- ✓ Canales
- ✓ Relación con nuestros clientes
- ✓ Flujo de recursos
- ✓ Categorías de recursos y competencias
- ✓ Físicos
- ✓ Intelectuales
- ✓ Recurso humano
- ✓ Financiero

7. **Actividades y procesos claves**

Cuáles son las principales actividades requeridas para nuestra:

- ✓ Oferta de valor
- ✓ Canales
- ✓ Relación con nuestros clientes
- ✓ Flujo de recursos
- ✓ Categorías de actividades
- ✓ Producción
- ✓ Resolución de problemas
- ✓ Plataforma red

8. **Aliados estratégicos**

- ✓ ¿Quiénes son nuestros clientes y principales aliados?
- ✓ ¿Quiénes son nuestros principales proveedores?

✓ ¿Qué recursos claves estamos obteniendo de nuestros aliados?

✓ ¿Qué actividades claves son desarrolladas por nuestros aliados?

9. Estructura de costos

✓ ¿Cuáles son los costos más importantes inherentes a nuestro modelo de negocio?

✓ ¿Cuáles recursos claves son los más costosos?

✓ ¿Cuáles actividades clave son las más costosas?

✓ ¿Existen costos ocultos?

¿CÓMO SER UN CONSULTOR Q EXITOSO?

Se necesita

Cargo: Consultor de transformación de negocio

Requisitos

✓ Experiencia: Haber trabajado en el mundo empresarial.

✓ Edad: La suficiente para saber que como empleado has cumplido tu ciclo y que tu conocimiento es demasiado valioso para ayudar a las empresas en su transformación.

✓ Sexo: No importa el sexo.

✓ Estado Civil: No importa el estado civil.

✓ Jornada laboral: Tú la defines.

✓ Salario: Tú lo defines.

✓ Requisitos: Certificación Método Q

Si estás interesado, esta información es para ti:

¿Por qué son necesarios los Consultores Q en estos momentos?

La mayoría de los expertos coinciden que las empresas, necesitan incrementar su competitividad, productividad e iniciar un intenso proceso de globalización que diversifique su mercado. Afrontar estos retos significa un profundo cambio en sus modelos y procesos de negocio, en su forma de operar, en su modo de hacer las cosas; significa apostar por la innovación, disrupción, transformación de negocio usando transformación digital y el talento de sus profesionales.

Para lograr esta transformación, la empresa necesita abordar el cambio siguiendo un método que le asegure el éxito, ideas frescas para hacer las cosas de una forma diferente, nuevos conocimientos para adaptar su negocio a la nueva realidad del mercado, imparcialidad en el análisis de su situación de partida y reflexionar sobre su enfoque de negocio. Todo esto es lo que le ofrece el Consultor Q, ya que aporta experiencia y conocimiento especializado a su empresa y lo más importante un enfoque que, en ocasiones, no puede encontrarse dentro de la organización por su implicación con la actual forma de hacer las cosas.

Si has detectado esta necesidad, especialmente importante en estos momentos de crisis, habrás visto una oportunidad de desarrollo profesional en este campo. Si eres un profesional experimentado tendrás la oportunidad de poner tus conocimientos al servicio de las empresas.

¿Cuál es el perfil de un Consultor Q?

Un consultor es un profesional que ofrece el consejo de experto y asesora a las empresas en un área determinada por lo que su especialización suele ser alta. Es una profesión generalmente bien remunerada, pero exigente. Ser consultor tiene unos requisitos muy altos tanto a nivel formativo, de conocimientos y capacidades, como de habilidades personales, de relación y de comunicación con los demás.

El buen Consultor Q además de la capacidad, pericia y conocimientos técnicos, que tanto hemos comentado, tiene que tener entre otras las siguientes cualidades:

➢ Capacidad para escuchar: Solo de esta forma podrá entender la situación y especificidad de cada empresa y las claves para abordar el problema. Esta habilidad debe ir más allá que atender a quién le contrata, tiene que ser capaz de entender a todos los agentes del negocio: trabajadores, proveedores, clientes e incluso competencia.

➢ Flexible y paciente: El Consultor Q ha de desarrollar su trabajo involucrando a los miembros clave de la organización pero sin alterar el día a día de sus funciones y responsabilidades. Debe conseguir sus objetivos y realizar sus análisis adaptándose a la dinámica del negocio y del cliente, pero respetando el plan de trabajo definido.

➢ Objetivo e imparcial: El Consultor Q debe analizar la situación extrayendo cualquier juicio de valor y plantear todas las posibles soluciones. Su misión es realizar un análisis objetivo, desde una posición de independencia, y detectar las soluciones más viables, evitando juicios de valor o sesgos durante el proceso.

➢ Analítico: El Consultor Q debe ser capaz de obtener información analítica que soporte sus propuestas, investigando, generando y relacionando distintos datos y elementos de decisión para llegar a construir alternativas factibles y soportadas racionalmente.

➢ Tiene que ser capaz de identificar los ámbitos funcionales esenciales del negocio, cuáles son sus procesos, importancia y forma de relacionarse.

➢ Generador de alternativas: Esta es una cualidad fundamental en el Consultor Q, el cliente espera que le ofrezca alternativas válidas para su empresa y su entorno. Estas alternativas deben ser innovadoras, útiles, prácticas y concretas, con una clara justificación de sus génesis y su factibilidad e idoneidad.

➢ Comunicador: El Consultor Q tiene que tener facilidad de palabra y ser capaz de hacerse entender. Es la única forma de lograr que sus planteamientos sean comprendidos y aceptados por la organización cliente.

➢ Organizado y metódico: El Consultor Q tiene que ser capaz de gestionar un proyecto en su conjunto o la actividad que se le ha encomendado, organizando sus tareas o las de un equipo de personas para lograr su objetivo. Por eso tiene que ser capaz de descomponer el trabajo en fases, actividades, tareas y pasos, establecer los plazos y los recursos necesarios y repartir adecuadamente las responsabilidades. La gestión del tiempo es fundamental en su desempeño.

¿Qué formación necesita el Consultor Q?

Para trabajar como Consultor Q generalmente las firmas del sector exigen formación universitaria, que en ocasiones puede suplirse con una amplia experiencia profesional en tu especialidad. Pero todo eso no es suficiente, ya que más allá de los conocimientos específicos y pericia técnica, debes adquirir las cualidades y habilidades que el Método Q enseña, para convertirte en un experto consultor Q.

¿Qué es el Método Q?

Es un excitante y apasionante viaje mediante el cual vives experiencias reales y simples del mundo empresarial en la era Digital. Este viaje, similar al de una montaña rusa, te permite experimentar tu negocio en el mundo real, ver y sentir varios *momentum*, para visualizar el meteorito de tu negocio, reflexionar sobre el poder de tu valor, visualizar las oportunidades, comprender el aporte de las herramientas digitales para tu negocio, y finalmente, eres tú el que decide si quieres dar el Salto Quántico.

FIN

REFERENCIAS

5 Fuerzas de Porter:

https://es.wikipedia.org/wiki/An%C3%A1lisis_Porter_de_las_cinco_fuerzas

Análisis DOFA:

https://es.wikipedia.org/wiki/An%C3%A1lisis_DAFO

Customer Journey:

https://es.wikipedia.org/wiki/Experiencia_de_cliente

Modelo de Negocio – Canvas:

https://en.wikipedia.org/wiki/Business_Model_Canvas

Ecosistema:

https://javiermegias.com/blog/2012/05/conoce-tu-ecosistema-y-venceras-pasos-dibujarlo/

Design Thinking:

https://en.wikipedia.org/wiki/Design_thinking

Company Transformation:

http://acadessa.com/digital-transformation-is-digital-evolution/

El tema no es sobre Tecnología:

https://hbr.org/2019/03/digital-transformation-is-not-about-technology

Pirámide de Maslow:

https://blogs.imf-formacion.com/blog/recursos-humanos/capital-humano/para-que-sirve-piramide-de-maslow/

Entorno Competitivo:

https://obsbusiness.school/es/blog-investigacion/marketing-y-comunicacion/que-elementos-intervienen-en-el-entorno-competitivo

Powerwall de Tesla:

http://parisinnovationreview.com/articles-en/teslas-powerwall-sustainable-or-not

https://theconversation.com/has-tesla-cracked-the-grid-energy-storage-problem-41131

https://vimeo.com/126695958

https://www.dexma.com/es/blog/novedades-en-eficiencia-energetica/

https://sotysolar.es/blog/tesla-hacia-donde-vamos-powerwall-solar

https://www.dw.com/es/qui%C3%A9n-es-elon-musk-y-c%C3%B3mo-logr%C3%B3-su-%C3%A9xito/a-53598536

AGRADECIMIENTOS

A mi mamá Olga por darlo todo por nosotros. Solo puedo decirte gracias y te amo.

A mi papá Absalón por siempre estar ahí para ayudarme a ser un profesional de bien

A Juan Carlos por darle a mi mamá la alegría de ser abuela de Emilio, una luz en nuestras vidas. Y a Marcela por ser la madre ideal para Emi.

A Dianita por demostrarme que las personas iluminadas pueden estar en la tierra.

—Oscar—

***

Primero, GRACIAS Dios. Por todo !!!!

A mi Madre (Q.E.P.D), quien con su bondad, me enseñó lo que es darlo todo por sus hijos.

A mi Padre (Q.E.P.D), quien me enseñó la fortaleza en persistir en el trabajo.

A mi hermana Georgina (Q.E.P.D), quien abrió la ilusión de un hogar.

A mi hermana Sonia, a quien admiro por su tenacidad.

A mi hermano Óscar, a quien admiro por su persistencia.

A mi cuñado Eccehomo, a quien quiero como a un hermano.

A mi sobrino, John Mario, de quien vivo muy orgulloso.

A mi hijo, Nicolás, con quien Dios me premió por darme a tan maravilloso ser humano.

A mis amigos del alma, Héctor Rojas, Oscar Cárdenas, Oscar Barrera, Víctor Torres.

En el nombre de Jesús, bendiciones para todos ellos en donde quiera que estén.

—Javier Alexis—